나는
착하게

돈
번다

돈만 버는 기계가 아니라 돈도 버는 삶의 주인공 17인의 이야기

나는
착하게

함께하며
즐기면서
행복하게
배우면서

돈
번다

도현영 지음

문학동네

착하게 돈 번다?

착하게……
왠지 부담되시죠?
나를 희생해야 할 것 같죠?

착하게 사는 건
왠지 손해보는 것 같고……
살짝, 거부감도 드신다고요?

걱정하지 마세요.

자신의 일에 최선을 다하며,
제대로 살고 있는지 고민하는 당신은
이미 착한 사람입니다.

착하기가 제일 쉽다는 사람들,
착하게 돈 벌기는
두번째로 쉽다는 사람들,
조금은 특별하게
자신의 삶을 꾸려가는
사람들의 이야기를
들어보실래요?

차례

Prologue. 내가 이들을 만난 이유 · 016

Story 1. 나는 '필요한 사람'이 되겠다

청년답게 살기 위한 몸부림_ 안준희, 핸드스튜디오 대표 · 032
• 바라는 모든 것이 현실이 되는 놀라운 무대 · 036
• 아무도 가지 않는 길을 걷는 짜릿함 · 039
• 액자에 담긴 찢어진 명함 한 장 · 043
　Tip. 핸드스튜디오의 복지제도 및 기업문화 · 046

욕심을 내려놓을 줄 아는 용기_김상현, 국대떡볶이 대표 · 048
• 생각할 시간에 움직인다, '무작정'의 힘! · 052
• 적게 주고 많이 얻어라? 많이 주고 많이 얻어라! · 055
• 나는 놀이터에서 사업의 모든 것을 배웠다 · 058
　Tip. 김상현 대표가 말하는 '생각'을 생각해내는 방법 · 062

꿈을 향한 도전, 그것은 내 인생에 대한 예의다 _이명한, 두산인프라코어 직원·CE 대표 • 064
• "꿈을 찾고자 한다면, 내일은 없다는 생각으로 오늘에 집중하라" • 068
• 딱 200만 원으로 떠나는 아주 기발한 여행 • 072
• 설렌다면, 그것으로 뛰어들 준비 완료! • 076
  Tip. 이명한 대표가 제안하는 아이디어를 현실로 만드는 방법 • 081

이력서 몇 줄로 표현할 수 없는 열정_김데보라 혜정, 더시안 대표 • 082
• "우리는 '밤에 피는 장미'입니다!" • 087
• '하고 싶은' 사람들을 '할 수 있게' 만들어주는 것이 존재 이유인 회사 • 089
• 내 시간에 맞춰, 내 계획대로 일한다 • 093
• "이렇게 해도 돈 벌 수 있습니다" • 097
  Tip. 김데보라 혜정 대표가 말하는 '첫번째' 사람이 되는 방법 • 101
  Tip. 새로운 플랫폼에 도전하는 회사들 • 101

왜 세상을 바꿀 수 없다고 생각하지?_ 김형수, 트리플래닛 대표 • 102
• 행동이 생각을 바꾼다, 그게 더 쉽다 • 106
• 군대에서 쓴 라면 박스 몇 개 분량의 사업계획서 • 109
• 그러다보면 어느새 당신이 세상을 바꾸고 있을 것이다 • 111
  Tip. 'earth man' 미야타 유지 이야기 • 116

영리하게 이기적으로 사는 것_ 백아람·박성호, 위시컴퍼니 공동창업자 • 118
• "그래, 바로 이거야!" • 125
• 실패란? 다시 시작한다는 뜻! • 129
• 해외무역의 비법? 얼굴을 보는 것! • 131
• 가장 이기적인 일이 가장 이타적인 일 • 134
  Tip. '내가 이 사람을 어떻게 도울 수 있는지' 고민하다 탄생한 비즈니스 모델
     _이광석, 인크루트 대표 • 140

내가 아니면 아무도 하지 않았을 일 _김미균, 시지온 대표·공동창업자 • 142
• 사춘기는 '생각에 봄이 찾아온 시기' • 146
• 꿈의 직업으로 안내하는 나침반, 절실함 • 151
  Tip. 사회적 문제를 새로운 시각으로 다룬 소셜 벤처 아이디어의 시작은? • 155

Story 2. 나는 '돈만 버는 기계'가 되지 않겠다

진정한 보물은 내 안에 있다 _서수영, IBM 직원 · '자아 찾기 ME 親 방랑 프로젝트' 진행중 · 162
• 세상의 기준에서 완벽하게 성공한 커리어우먼, 그런데…… · 165
• '이렇게 나에 대해 모르고 살았다니……' · 168
• 자연을 생각하는 '파릇한 절은이'들의 모임, 파절이 · 173
• 진정한 행복은 소소한 일상에 숨어 있다 · 175
　Tip. 서수영이 제안하는 소소한 자아 찾기 방법 · 178

금요일 저녁이 아쉽고, 월요일 아침이 설레는 삶 _신학철, 넥서스 직원·꿈을 짓는 재단 대표 · 180
• '이상하다, 돈이 있는데 왜 행복하지 않지?' · 183
• "말을 멈추고 행동하라. 모든 것을 고려하면 아무것도 할 수 없다" · 186
• "안녕하세요, 저는 미친놈입니다" · 195
　Tip. 신학철 대표와 법륜 스님이 주고받은 대화, '좋은 책이란?' · 198

내가 잘하는 일이 세상에 좋은 일이다 _오종철, 개그맨·소통테이너 · 200
• '넘버원'의 세상에서 '온리원'의 세상으로 · 204
• "우리, 같이 꿈꾸자!" · 207
• 무엇이 나에게 의미를 주는가 · 213
　Tip. 오종철 대표가 알려주는 토크 콘서트 기획 노하우 · 216

깨지고 부서진 상처를 딛고 다시 한번 일어나 꿈꾸는 사람 _이윰. 예술가·이윰액츠 대표 • 218
• 편견을 깨뜨려, 사람들 안에 숨겨진 참된 자화상을 이끌어내는 '영혼의 조각가' • 223
• 내가 하는 일에 '가치'를 더하는 순간, '혁신'이 따라온다 • 228
　Tip. 자신만의 재능을 새로운 방식으로 풀어나가는 아티스트들 • 234

적어도 내 인생에선 주인공이고 싶다 _박춘화. 글로시박스 대표·펜팬 설립자 • 236
• '나는 이렇게, 그저 그런 사람이 되어버리는 걸까?' • 241
• 이러다간 내 삶의 주인공이 내가 아니라 일이 될지도 모른다는 두려움 • 244
• '어, 정말 되네!'라는 이름의 성취감 • 246
• 조금만 피곤하면 인생이 즐겁다 • 252
　Tip. 박춘화 대표가 제시하는 맨땅에 헤딩하는 노하우 • 254

진정한 봉사는 나를 만족시키는 것 _오충현. KOICA 보건의료연구관 • 256
• '내 인생에 더 많은 일을 구겨 넣지 말자' • 261
• 한국의 2823번째 이비인후과 의사보다는 KOICA의 1번째 의사 • 267
• '누가 나에게 도울 권리를 주었는가? 나는 도울 권리가 있는가?' • 271
　Tip. 오충현 연구관의 부탁편지 • 275

내가 해야만 할 것 같은 일을 한다는 것 _정유진, 조선일보 공익 섹션 '더 나은 미래' 기
자 • 276
• 하고 싶은 일, 잘할 수 있는 일, 해야만 하는 일 • 280
• 새로운 길을 열어준 우간다 프로젝트 • 282
• 눈물로 써내려간 자기소개서 • 286
　Tip. 세상의 긍정적인 뉴스를 전하는 매체, 더 나은 미래 • 291

나만을 위해서는 살지 않겠다_이의헌·김유진, JUMP 운영위원 • 292
• 물음표가 느낌표로 바뀌는 순간 • 298
• '내가 무엇을 하지 않고는 살 수 없을까'라는 물음 • 301
• 조금 더 나를 필요로 하는 곳, 그곳이 내가 일할 곳 • 306
　Tip. 이의헌, 김유진 운영위원이 변화를 앞둔 당신에게 전하는 응원 • 311

epilogue. 한 사람이 찾아왔다 • 312

Prologue

내가 이들을
만난 이유

"수고하셨습니다!"

힘차게 인사하며 방송국 스튜디오 문을 열고 나선다. 오늘 하루도 무사히 마쳤다. 주어진 일에 감사하며 하루하루 최선을 다해 살고 있다. 힘들 때도 있지만, 그렇다고 큰 불만이 있는 것은 아니다. 일 중간중간, 작은 성공들에서 맛보는 성취감이 잠시 주저앉았던 나를 다시 일으켜세운다.

그런데…… 분명 열심히 살고 있는데…… 허하다. 뭔가 2퍼센트, 아니 20퍼센트 부족한 것 같다.

왜일까? 왜 이렇게 허전한 걸까? 열심히 사는 것만이 인생의 전부는 아닌 모양이다. 사실 요즘 맹렬히 사춘기를 겪고 있는 소녀처럼 마음이 복잡하다. 어떻게 써야 할지, 무엇을 위해 써야 할지 모르는 정체불명의 에너지들이 밤마다 괴롭혀 잠들지 못한다.

나는 누구일까? 나는 무엇을 잘할까? 지금 나를 둘러싸고 있는 모든 것들이 사라진다면, 나는 무엇을 어떻게 다시 시작할 수 있을까?

열 심 히   앞 만   보 고   달 렸 는 데   불 현 듯……
'이 게   사 는   건 가?'

비슷한 고민에 빠진 친구를 만났다. 그녀는 학창시절부터 꿈꾸던 마케팅 일을 하게 된 이후, 성과를 내기 위해 7년간 하루도 쉬지 않고 달려왔다. 좋아하는 일을 할 수 있으니 얼마나 감사한 일인지 모른다며 스스로를 다독여봐도, 늘 기한에 쫓기며 쏟아지는 일감에 파묻히다보면 녹초가 되기 일쑤였다. '나는 누구지? 도대체 지금 뭐 하고 있는 거지? 이게 사는 건가?'라는 회의도 잠시 뿐, 쉴새없이 휘몰아치는 업무는 이런 고민조차 사치로 만들었다. 그러던 중 뜬금없는 질문을 받았다.

"행복하니?"

일하면서는 한 번도 듣지 못했던 질문. 힘들다, 어렵다는 투정 뒤에 이어진 그 네 글자, 행.복.하.니.에 뒤통수를 맞은 듯했다. 한 번도 궁금하지 않았던 부분이기 때문이다. 잘하고 있는지, 제대로 가고 있는지, 어떻게 해야 좀더 빨리 성공할 수 있는지에만 집중했다. 지금 이 삶이, 이 일이, 이 시간이 행복한지 고려할 여유가 없었다. 그녀는 그 순간, 바쁘다는 핑계로 방치해둔 자신의 삶에 진심으로 미안해졌다고 털어났다.

　나 역시 마찬가지다. 핑계에 불과하지만, 살기 바빠 '나'에 대해 고민할 겨를이 없었다. 가만히 생각해보니 하루에 단 한 시간이라도 나만을 위한 이기적인 시간을 보낸 것이 언제인지 가물가물하다. 아무리 애써봐도 내가 무엇을 하고 싶은지, 언제 가장 행복한지 잘 떠오르지 않는다. 어느 날 이런 내게 들어온 글이 있었다. 『어떻게 한발 앞서갈 것인가Ten steps ahead』라는 책에 소개된 스탠퍼드 대학교 브라이언 아서Brian Arthur 교수의 이야기다.

　인생의 승자와 패자를 가르는 데 운이 얼마나 큰 비중을 차지하는지 대부분의 사람들은 잘 깨닫지 못한다. 현실에서 서로 비슷한 규모의 회사 몇 개가 함께 시장에 진입했다고 가정해보자. 그중 과연 어느 회사가 초기에 매출을 올리고 결국 시장을 지배하게 될 것인지 결정하는 요소들은 의외의 주문들, 바이어들과의 우연한 만남, 관리자의 변덕 등과 같은 사소하고 예기치 못한 사건들이다. 경제적 활동 규모가 너무 작기 때문에 예측하지 못한 개별 거래들에 의해 결정되면, 이러한 '임의적인' 사건들은 시간이 지나면서 긍정적인 피드백에 의해 축적되고 확대될 수 있다.

　누구나 멋진 인생을 꿈꾼다. 우리는 성취감과 만족감을 느끼며 살아가고 싶어한다. 하지만 어떻게 해야 멋진 삶을 살 수 있는지 아는 사람은 많지 않다. 나는 브라이언 교수의 말에서 힌트를 언어, '임의적인 사건들'이 시간이 지나면서 긍정적인 피드백에 의해 확대된다면 의외의 만남, 우연한 기회 등 예기치 못한 사건들이 일어날 수 있도록 '의도적'으로 움직여야겠다고 다짐했다.

자, 그럼 어떻게 움직여야 할까?

지금 내가 바로 투입할 수 있는 자원은, 누군가가 '저 목적지를 향해 달려가시오'라고 알려주면 앞만 보고 내달릴 수 있는 열정, 자신의 일처럼 도와줄 소중한 친구들, 그리고 6개월 정도 버틸 수 있는 자금이 전부다. 그동안 상당히 많은 것을 이루었다고 생각했는데 고작 이것뿐이다. 학교를 졸업하면 끝날 줄 알았고, 결혼하면 다 이룬 것인 줄 알았다. 사뿐히 날아올라 여유롭게 주변을 내려다보며 새로운 꿈을 멋지게 펼칠 일만 남을 줄 알았다. 하지만 인생은 예상과 너무도 달랐다. '해야 할 일'이 '하고 싶은 일'의 자리를 대신해, 의지나 바람과는 별개로 감당해야 할 부분들이 많았다.

달라져야 한다. 달라지고 싶다. 그렇다고 지금 당장 모든 것을 내려놓고 훌쩍 세계여행을 떠날 수는 없다. 갑자기 직업을 바꿀 수 있을 리 만무하다. 사람이 새로워지는 데 집을 옮기는 일이 꽤 도움이 된다지만, 그것도 현실적으로 불가능한 일. 그렇다면 지금 내 현실의 울타리에서 달라질 수 있는 방법은? 돈이 들지 않고, 내가 하고 있는 방송에 생기를 불어넣어주며, 나를 한 단계 업그레이드시킬 수 있는 일이 무엇일까?

답은 어렵지 않았다. 내가 살지 못한 세상을 경험한 이들, 바로 '사람'들을 만나는 것이었다.

9년간 아나운서로 활동하며 1000명 넘는 사람들을 만나고 다녔지만, 이제는 일로서가 아닌 삶으로서 사람들을 만나야겠다고 결심했다. 내 삶에 이정표가 되어줄 사람들을 만나 묻고 듣고 싶었다. 어떻게 하면 행복하게, 잘, 그러면서 성공적으로 일하고 살 수 있는지. 조화를 이룰 수 없을 것 같은 3박자가 정말 가능한지, 묻고 배우고 싶었다.

돈도 벌면서 행복과 보람까지 느끼는 사람들이 과연 있을까?

이 질문은 1년 반 가까이 나를 이끌었고, 새벽녘마다 나를 깨우는 궁금증이 되었다. 시간이 지날수록 여름휴가지의 호텔을 찾는 사람처럼 설레는 마음으로 모니터를 파고들었다. 그동안 내 눈에 보이지 않았던 세상, 다양한 사람들이 존재함을 새삼 느낀 시간들이었다.

그저 정보를 나누는 일이 좋았던 청년은 '나눔'과 '공유'를 핵심으로 하는 15년차 중견기업의 돈 잘 버는 대표가 되어 있었다. 복잡하게 계산하는 것이 싫어 돈을 받지 않고 가맹점을 내주는 프랜차이즈 대표, 오직 자비로 1년에 한 번씩 공모전을 여는 직장인, 인도와 네팔에 도서관을 짓는 회사원도 눈에 띄었다. 세상엔 참 재미있게 사는 사람들이 많았고, 1년 반 전에는 알지 못했던 이들이 지금은 나의 롤모델이 되었다.

저 구석에 내팽개쳐두었던 나의 꿈을 다시 찾아준 사람들. 그들은 돈을 벌기 위해 일하면서, 그 일에서 가치를 찾고, 그 가치를 여러 사람들에게 나눠주는 '선순환'을 실천하고 있었다. 거창하거나 비장하지 않아도, 지금 당장 내가 사람들을 위해 할 수 있는 일이 얼마나 많은지 보여주는 산증인들이 있다. 그야말로 '착하게, 행복하게, 즐겁게, 의미 있게, 보람차게' 돈 버는 사람들!

나는 그들을 만났다. 만약 지금 당신이 인생의 변화를 꿈꾼다면, 이들의 리얼 스토리가 도움이 되리라 확신한다. 큰 성공을 거둔, 나와는 전혀 다른 세계에 사는 '환상 속의 멘토'가 아니라 나와 같은 고민을 안고 그 고민을 좀더 잘 해결해가는 '현실의 동반자'들. 짧은 고민 뒤에 의욕적인 삶을 실천하고 있는 그들의 이야기를 듣다보면 왠지 모르게 나도 할 수 있을 것 같은 용기가 생긴다.

착 한 건 좋 지 만 ,
손 해 보 며 살 고 싶 진 않 다 고 ?

이 책을 준비하며 20대 대학생과 30대 직장인 100명에게 물었다. "나중에 가장 하고 싶은 일은 무엇입니까?" 세계일주, 아무일 하지 않고 빈둥대며 살기, 큰 집 사기 등 다양한 답변이 쏟아졌다. 눈에 띄는 사실은 무려 절반 이상이 돈을 많이 벌어서(혹은 성공해서) 다른 사람 돕기, 불우한 이웃과 나누기, 자선단체에 기부하기 등의 포부를 밝혔다는 것이다. 혼자서만 잘살기보다 다른 사람과 더불어 살고픈 마음, 누군가에게 도움이 되고픈 바람이 많은 사람의 마음속에 내재되어 있다는 사실을 알 수 있었다.

또다른 질문을 던졌다. "당신이 지금 당장 할 수 있는 착한 일은 무엇입니까?" 절반 이상이 '남에게 피해 주지 않고 살아가기'라는 답을 내놓았다. 피해를 주지 않는다는 수동적 행위가 어떻게 착한 일의 정의가 되는 걸까? 착하다는 것은 내가 나의 의지로 배려든 선행이든 뭔가를 행하는 적극적인 행위일 텐데 말이다. 최창호 심리학 박사는 이것이 우리의 힘든 현실을 보여준다고 말했다. 모든 일에 소극적이고 방어적인 모습. 예를 들어 결핍을 채우기 위해서 현재를 열심히 살아가고 있지만, 동시에 결핍을 채우고 난 이후를 걱정하는 것이 우리의 현주소란다.

여기, 한 쌍의 연인이 있다. 이들은 서로에게 없어서는 안 될 소중한 존재지만, 혹여 상대에게 피해를 주지 않을까 조심하느라 진심을 제대로 표현하지 못한다. 두 팔 걷어붙이고 도와주고 싶은데도, 내가 무슨 도움이 될까 싶어 망설이기만 한다.

또다른 연인이 있다. 가진 것도 없고 능력도 없지만, 나를 전적으로 믿고 응원해주는 한 사람이 있다는 생각에 늘 든든하다. 가끔은 실질적인 도움을 줄 수 있는 사람이 있으면 좋겠다는 생각을 하기도 한다. 하지만 대화를 나누고 싶을 때 이야기를 들어주고, 좋은 일이 생겼을 때 함께 기뻐해주고, 어려운 일에 처했을 때 자신의 일처럼 나서주는 상대를 보면, 그런 생각은 금방 자취를 감춘다.

두 연인 중 어느 쪽이 더 행복할까?

답은 각자의 몫이다. 하지만 이것만은 말하고 싶다. 혼자보다는 둘이 분명 더 많은 것을 해낼 수 있다고. 멀리 가려면 함께 가라는 말도 있듯이 말이다. 그래서 이 책에 담긴 '우리'의 이야기가 당신에게 조금은 힘을 보낼 수 있을 거라고 말하고 싶다.

착하다는 것에 대해 강박관념이 있는 사람이 꽤 많다. 착한 사람이 되기 위해, 모든 일에 "Yes"를 외치다가 엄청난 스트레스를 받는 경우도 있다. 착하다는 평을 칭찬으로 받아들이지 못하는 사람도 있다. '뭐야? 나는 어수룩해서 손해만 보고 산다는 건가?' 게다가 요즘은 '착한' 것들이 넘쳐나는 시대다. 착한 커피, 착한 신발, 착한 가게…… 심지어 '착한 스포츠'라는 뉴스 코너까지 있을 정도다.

진짜 착하다는 것은 무엇일까?

이 책에 실린 사람들의 이야기가 정답일 수는 없겠지만, '나만의 착함'을 찾아가는 여정의 길잡이는 되어줄 수 있으리라 믿는다.

세 상 참 '재 미 지 게' 사 는 사 람 들 도 있 다

이 책은 'After 10years project'라고 명명한 프로젝트의 예고편이기도 하다. 회사는 어떠한 형태로든 바뀔 수 있다. 하지만 이 책에 등장하는 주인공들의 마인드는 확고하다. 변하지 않을 것 같다. 선한 영향력을 가지고 있는 이들의 10년 후는 어떨지 매우 궁금하다. 사회에서 말하는 기준에 부합하는 성공의 모습이 아닐

수도 있다. 힘든 시기를 겪고 있을 수도 있다. 하지만 나는 믿는
다. 여전히 금요일 저녁이 아쉽고 월요일 새벽이 기다려지는 삶
을 살고 있을 거라고. 각자의 영역에서 분명 지금처럼 열심히 뛰
고 있을 거라고.

내가 이들을 만나면서 들었던 이야기들을 신나서 떠들어대
면, 모두가 눈을 동그랗게 뜨고 그렇게 재미있는 사람들이 있느
냐고 물었다. 그래서 이 책의 또다른 제목은 '세상 참 재미지게
사는 사람들도 있다'이다.

자, 그럼 지금부터 착하게 돈 버는 사람들, 돈만 버는 기계가
아니라 돈도 버는 삶의 주인공들을 만나보자.

2013년 12월,
겨울 뒤에 찾아올 봄 같은 인생을 꿈꾸며,

도현영

성공 SUCCESS

–랠프 월도 에머슨 Ralph Waldo Emerson

자주 그리고 많이 웃는 것,

현명한 이에게 존경을 받고

아이들에게서 사랑을 받는 것,

정직한 비평가의 찬사를 듣고

친구의 배반을 참아내는 것,

아름다움을 식별할 줄 알며

다른 사람에게서 최선의 것을 발견하는 것,

건강한 아이를 낳든

한 뙈기의 정원을 가꾸든

사회환경을 개선하든

자기가 태어나기 전보다

세상을 조금이라도 살기 좋은 곳으로 만들어놓고 떠나는 것,

자신이 한때 이곳에 살았음으로 해서

단 한 사람의 인생이라도 행복해지는 것,

이것이 진정한 성공이다.

To laugh often and much;

to win the respect of intelligent people

and affection of children;

to earn the appreciation of honest critics

and endure the betrayal of false friends;

to appreciate beauty,

to find the best in others;

to leave the world a bit better,

whether by a healthy child,

a garden patch

or a redeemed social condition;

to know even one life has breathed easier

because you have lived.

This is to have succeeded.

Story 1.

나는 '필요한 사람'이 되겠다

시끄러운 음악 소리가 들리는 교실에서 두 그룹의 학생들이 시험을 보고 있다. A그룹에는 음악 소리를 줄일 수 있는 방법이 없다고 했고, B그룹에는 원하면 얼마든지 음악 소리를 줄일 수 있다고 했다.

이전까지 비슷한 성적군이었던 A그룹과 B그룹의 결과는 이 시험에서 확연히 엇갈렸다. 귀에 거슬리는 문제를 해결할 수 없다는 생각을 한 A그룹 학생들은 무기력함을 느끼고 불만과 짜증으로 시험에 집중할 수 없었다. 반면 끄기로 마음만 먹으면 주변이 조용해질 수 있다는 통제감을 가진 B그룹 학생들은 그전과 마찬가지로 집중해서 문제를 풀었다. 이것을 '통제 착각illusion of control'이라고 하는데 주변과 환경을 스스로 컨트롤할 수 있다는 착각, 자신의 행동과 벌어진 사건 사이에서 우연의 일치를 찾아내 상황을 통제할 수 있다고 생각하는 믿음은 문제 해결에 도움을 준다. 이런 성향을 가진 사람들은 언제나 '긍정적인 착각'을 하고 있으며, 보다 더 나은 내일을 볼 수 있다고 한다.

치열한 경쟁 안에서 가지면 이기고 잃으면 지는, 이기고 지는 일이 너무나 분명한 것이 인생이라면, 단거리 경주가 아닌 마라톤과 같은 인생은 힘들고 지치고 외로운 시간이 될 것이다. 인생의 지혜와 깨달음, 아이디어는 결국 우리를 둘러싼 모든 것들에게서 얻는 것이다. 이왕 그렇다면, 생각을 크게 확장하고 싶다면, 아니면 보다 행복하게 그리고 외롭지 않게 경쟁하고 싶다면 '우리' 안에서 답을 찾아보는 것은 어떨까? 우리가 함께할 수 있다는 믿음, 그리고 내가 해낼 수 있다는 가능성에 확신을 가져보자. 가치의 '교환'이 아닌 서로에게 '가치'를 더해가는 삶!

　사람들은 세상 속에서 어떤 역할을 맡을 수 있는지 알고 싶어한다. 내 삶과 일을 통해 나는 세상에서 어떤 역할을 할 것인가? 가치를 품고 살아가는 삶, 세상 단 한 사람에게만이라도 빛을 비출 수 있는 인생. 빌 게이츠가 말한 것처럼 "인간에게는 이기심과 타인을 보살피고자 하는 두 가지 강한 본성이 있으며 그 두 가지 동력이 뒤섞인 사람이 가장 큰 성공을 거둔다. 자신의 이익과 타인의 이익을 상충하는 것으로 보지 않고 그 둘을 융합하는 방법을 찾은 사람들이 이 시대의 승자가 될 것"이다.

　마음만 먹으면 내가 누군가의 빛이 될 수 있다는 '긍정적인 착각'에 빠진 사람들, 자신의 이익과 타인의 이익을 융합하는 방법을 찾은 사람들을 만나보자.

청년답게 살기 위한
몸부림

안준희_핸드스튜디오 대표

1. 이름

안준희

2. 직업

핸드스튜디오 CEO

3. 죽기 전에 내 삶을 돌이켜본다면, 어떤 삶이었으면 하는가?

이상과 신념을 향해 흔들리지 않았던 인생!
행동으로 증명하는 자!

4. 그것을 위해 나는 어떤 일을 하고 싶은가?

더 많이 고민하고 더 많이 아파해보기!
말로서 앙위은 이야기하지 않기!
본질을 지키는 삶을 살기! 그 외 모든 직업이나 일은 수산일 뿐!

5. 그 여정에서 나에게 '돈'이란 무엇인가?

소유의 대상이 아니라, 관리의 대상입니다.
애당초 제 것이 아니며 저는 돈을 이동시키는 역할만 할 뿐입니다.

6. 나를 일하게 하는 '힘'은?

신념과 신념이 현실이 되는 그 순간에 대한 기대!

7. 나에게 '착하다'라는 것은?

주어진 기대역할에 충실하는 것.
Vistual Cost뿐 아니라 In-Vistual Cost를 치르는 것!

얼마 전 TV를 통해 알려진 벤처 기업 대표와 식사를 하다가 인상적인 이야기를 들었다. 직원들 복지 챙겨주다가는 회사가 3년도 버티기 어렵다는 말. 회사 기반을 닦아야 하는 시기에 사람에게 투자하고 퍼주기만 하다가는 정작 회사가 오래 지속되기 힘들다는 뜻이었다.

직원들은 열심히 일하고, 회사의 대표는 노동력의 대가로 월급을 주었으니 그 이상은 필요 없다는 의미 같기도 하고, 조금 더 보태어 이야기하면 이해관계자 사이에 확실한 '가치' 교환이 이루어졌으니 서로 그것으로 만족해야 한다는 뜻 같기도 했다. 직원들의 꿈과 비전을 일일이 챙기는, 소위 말하는 '명분'에 사로잡혀서는 기업이 어려워질 수도 있다는 말이 이해되지 않는 것은 아니었다. 새롭게 탄생하는 기업이 있는 만큼 사라져가는 기업도

DEVELOPMENT

Smart Media Technology Strategy Lab +
Software Engineering

있다. 살벌한 경쟁 속에서 살아남기 위해 치열한 전투를 치르는 것은 모든 기업이 마찬가지다.

그런데 만약 당신이라면, 직원의 노동력은 그만큼의 돈으로만 보상해주면 된다는 회사와 똑같이 밤을 새우고 야근을 해도 그 이상의 '가치'를 줄 수 있는 회사, 즉 가치를 더해주는 회사 중 어디에서 일하고 싶은가?

바라는 모든 것이
현실이 되는 놀라운 무대

〈장면 1〉

"엄마, 나 취직했어!"

"정말? 축하한다, 얘. 그런데 어느 회사야?"

"응! 핸드스튜디오."

"핸, 뭐? 거기가 뭐 하는 회산데? 사진관이가?"

"음…… 그게 말이야."

이름만 들어도 알 만한 대기업이 아니라, 이름을 들어도 정체를 알 수 없는 작은 회사. 취업이 힘드니 그냥 아무 회사나 들어갔나보다 생각했던 부모님이 이제는 주위 사람들에게 자랑하기 바쁘다. "이렇게 직원 한 사람 한 사람을 존중하는 회사에서 일할 수 있다니, 내 딸이 정말 대단하다. 지금까지 내 딸을 과소평가했나보다. 회사에서 이렇게 인정받는데!"라는 말씀에, 그저 그런 회사에 다니던 딸은 세상에서 가장 귀한 대접을 받는 직장인으로 바뀐다. 울컥한다.

〈장면 2〉
"저는 회사가 마중물 같아요."
집 마당에서 펌프로 물을 기르던 때, 물이 잘 나오지 않으면 펌프에 물을 한 바가지 부었다. 물을 마중 가던 그 한 바가지의 물처럼, 자신의 가치를 인정하고 자신의 능력이 최대한 발휘될 수 있도록 기다려주는 회사. 마중물처럼 적합한 표현이 또 있을까.

매주 금요일에는 직원들이 모여 카트라이더 게임을 하고, 한 달에 한 번은 백화점에 가서 회사 돈으로 옷을 사 입고, 매년 연말 송년회 때는 특급호텔을 빌려 전 직원의 부모님을 모시고 직원 한 사람 한 사람을 소개하는 자리를 갖는다. 그리고 직원들 결혼시키기 프로젝트를 통해 결혼하면 '묻지도 따지지도 않고' 1000만 원을 주는 통 큰 프로그램을 진행하고 있다. 이게 다가 아니다. 자취하는 직원들을 위해 사무실에는 늘 간식을 준비해놓고 식사를 챙겨준다. 입사할 때는 국내 아동 한 명을 후원한다는 약속을 해야 한다. 회사는 해당 아동의 후원금을 평생 책임지고, 구성원들은 자신의 후원 아동을 위해 어린이날, 크리스마스, 생일을 챙긴다.
회사의 일정이 늦게 끝날 경우, 행사 이후의 개인적인 약속에

들어간 식비까지 회사에 청구하라는 대표, 폭우가 몹시 내리던 어느 날 아침 '호우주의보랍니다. 무리하지 마시고 필요하면 날씨 보면서 천천히 오세요. 강남 날씨 보다가 더 심해지면 알려드리겠습니다'라는 메시지를 보내는 대표의 모습에 많은 이들이 놀라워한다. 하지만 정작 이 회사의 직원들에게는 이런 식의 일화가 '상식적이고 일상적인' 이야기일 뿐이다.

이 회사, 핸드스튜디오는 슬로건대로 '바라는 모든 것이 현실이 되는 놀라운 무대'를 만들어가고 있다. '한국의 구글'이라 불리는 핸드스튜디오, 나는 지금 그곳에 와 있다.

핸드스튜디오는 스마트 디바이스용 솔루션과 애플리케이션을 제작하는 회사다. 쉽게 말해서 TV를 스마트폰처럼 활용할 수 있게 만드는 것이다. 스마트TV는 스마트폰처럼 앱을 다운로드해, 여러 가지 기능을 즐길 수 있다. 예를 들어 TV에 요가 앱을 다운받아 TV로 시청하면서 요가를 배우는 일이 가능하다. 핸드스튜디오는 2010년 창업 이후, 국내외에서 가장 많은 스마트TV용 앱을 개발한 회사로 주목받고 있다. 다양하게 적용할 수 있는 독보적인 기술을 보유하고 있어 향후 시장을 선도할 가능성이 높다는 평가도 받는다.

한 가지 놀라운 사실은 모든 기업들이 꿈꾸는 시장에서의 독점적 지위를 자발적으로 포기하고, 선의의 경쟁을 하겠다며 개발 노하우를 모두 무료로 공개했다는 점이다. 혼자서 외로운 싸움을 하기보다는 다른 회사들과 함께 상생의 길을 걷겠다는 생각으로 모든 것을 내주었다. 시장논리로는 좀처럼 이해하기 어려운 발상인데, 핸드스튜디오는 무슨 생각에서 이런 결정을 내린 걸까? 안준희 대표는 왜 이런 파격적인 행보를 택한 걸까?

창업 첫해부터 수익을 내고 이후 고공행진을 하는 회사, 많은 이들이 바라는 모습일 것이다. 여기에 직원들 모두가 한배를 탔다고 여기며 회사를 지나치게 자랑스러워한다면, 창업자로서는 더이상 바랄 것이 없을지도 모른다. 그러나 정작 안대표는 복지가 좋은 회사나 수익이 뛰어난 회사를 만들 생각이 없었다고 말한다. 그건 너무나 당연했던 것이다. 가장 기본적이어서 목표로 삼을 부분이 아니었다.

"『경영학원론』 책을 보면 첫 장에 '기업의 본질은 무엇인가?'에 대해서 이렇게 적혀 있어요. '가계나 정부로부터 제공받은 재화나 용역을 바탕으로 새로운 가치를 창출하고, 그 가치를 다시 가계나 정부에 돌려주는 역할을 하는 것이 기업이다.' 이 정의대로라면 핸드스튜디오는 그저 기업의 본질에 충실했을 뿐입니다. 당연히 해야 할 일을 했을 뿐이죠."

핸드스튜디오는 회사에 돈을 남기지 않는다. 월급을 주고 개발에 투자하고도 남은 돈은 잉여자산이다. 만약에 대비해 보유할 수도 있겠지만, 함께 노력한 직원들에게 나눠준다면 그들은 그만큼 더 열심히 일할 것이다. 그러면 결국 더 많은 성과가 창출되고 회사는 자연스레 성장할 수 있다. 그래서 '통 큰' 복지제도를 만들고, 이왕이면 이를 기분좋게 누릴 수 있도록 즐거운 요소를 입힌 것이다. 심지어 안대표가 외부 강연이나 활동으로 번 돈도 모두 직원들과 똑같이 나눈다. 왜? 개인의 스토리가 아닌 '우리' 회사의 스토리로 외부 활동을 했기 때문이다.

이 모든 일이 당연하다고 말하는 안대표. 남들은 당연하지 않다고 여기는 것들을 당연하다고 생각하게 된 계기는 과연 무엇일까?

스무 살 때 그는 교수님과 함께 30일 동안 중국 여행을 다녀왔다. 연변에 있는 학교를 방문했는데 한국 근대사에 나올 법한

사람들이 거기 있었다. 윤동주 선생의 5촌동생이 교장을 맡고 있었다. 그분의 할아버지는 독립운동가였다고 했다. 그곳에서 학교 아이들을 보살피며 함께 생활하는데, 어느 날 동네 이장이 내뜸 말했다.

"청년다운 고민을 하는 스무 살을 보내는 게 어때?"

그 말을 건넨 이장 역시 스무 살이었다. 같은 스무 살이지만 그는 마을을 이끌어가는 리더였기에 가능한 조언이었는지도 모른다. 이번 학기에 장학금을 탈 수 있을지, 졸업하면 어디에 취직할지와 같은 개인적인 고민을 뛰어넘어 좀더 발전적이고 건강한 고민을 해보라는 말은.

그때부터 안준희 대표의 모토는 '청년답게 살자'가 되었다. 청년이라는 단어에는 모든 가치를 담을 수 있었다. 늘 깨어 있어야 하고, 생각이 건강해야 하며, 누구에게도 한 점 부끄러움이 없어야 한다. 그후 대학을 졸업할 때까지 늘 이 질문을 마음속에 품고 살았다. '나는 청년답게 살고 있는가?'

청년의 삶을 포기하지 않겠다고 큰소리치며 사회에 나왔다. 하지만 사회는 만만치 않았다. 2년 동안 세 번의 이직을 경험하면서 그는 '내가 다짐했던 것을 그대로 시도하자'고 결심했다. 청년답게, 청년처럼 패기와 열정으로 새로움에 도전하기로 한 것이다.

2010년 당시 IT 관련 창업은 대부분 스마트폰 애플리케이션에 한정돼 있었다. 자본력과 인력이 부족한 상황에 경쟁자까지 많은 레드오션. 아무리 머리를 쥐어짜도 승산이 없었다. 그렇다면 방법은 하나였다. 아무도 가지 않는 길을 가는 것. 그렇게 핸드스튜디오는 스마트TV에 주목한다.

스마트폰에서 스마트TV로 흐름이 넘어오는 데 2년 정도 걸릴 것으로 예상하고 차근차근 준비하려고 했는데 예상이 빗나갔다. 창업한 지 2개월 만에 스마트TV가 출시된 것이다. 2년이 2개월로 줄어들다니…… 지금 생각해도 정말 바쁘고 즐거운 시간이었다. 빨리 시장을 선점해야 한다는 조급함이 있긴 했지만, 새로운 길을 개척하는 재미가 쏠쏠했다.

초창기에 스마트TV를 가장 많이 이용하는 사람들은 30대 여성이었다. 그들에게 무엇이 필요할까 고민하다보니 운동이라는 답이 나왔다. 그렇게 핸드스튜디오가 처음 개발한 홈 피트니스 정보를 담은 '헬로 코치 시리즈'는 유럽에서 1위를 차지하는 콘텐츠가 되었다.

액 자 에   담 긴   찢 어 진   명 함   한   장

중심을 지키고 산다는 것, 신념을 밀고 나간다는 것이 얼마나 힘든 일인지 알 것이다. 길을 걷다 돌부리에 걸려 넘어졌을 때, 눈앞의 산이 너무 높게 느껴질 때, 중심은 금방 흔들리고 신념은 자리를 잃고 방황한다. 그래서 물었다. 이윤이 나니까, 먹고살 만하니까, 이 모든 일이 가능한 것 아니냐고.

"수익이 나서 복지가 있다는 것은 당연하죠. 우리 회사의 복

지제도도 창업 때 만들어진 것이 아니라 수익이 나기 시작하면서부터 생긴 겁니다. 하지만 직원들이 지금 느끼는 행복과 창업 초기에 느낀 행복의 정도나 헌신도는 동일하다고 봅니다. 왜냐하면 제도라는 건 하나의 포장일 뿐이거든요. 그 안에 담긴 내용물은 '진심'이에요. 회사가 직원을 진심으로 존중하고 귀하게 여기는 마음을 복지제도라는 포장지로 감싼 것뿐이에요. 그때도 지금도 진심으로 대하니까, 저희는 서로를 믿고 행복하게 일했고, 일하고 있는 것 같아요."

안대표의 방에는 찢어진 명함이 담긴 액자가 걸려 있다. 자신을 견제하기 위해서란다. 성공하든 칭찬을 받든 자만하지 않기위한 작은 몸부림이다. 그는 여전히 청년답게 살기 위해 노력한다. 그야말로 자신의 삶이 어느 방향으로 가야 할지 명확하게 알고 있는 사람 아닐까?

심리학자 에이미 브제스니에프스키Amy Wrzesniewski가 연구한 결과에 따르면, 자신의 일을 무엇으로 생각하느냐에 따라 많은 것이 달라진다. 이 내용은 『해피어Happier』라는 책에 소개돼 있는데 정리하자면 다음과 같다.

보통 사람들은 자신의 일을 노역, 출세, 소명 중 하나로 생각한다. 먼저 노역으로 생각하는 사람은 자기실현보다 경제적인 보상에 초점을 맞춘다. 한 달에 한 번 월급 받는 것 말고는 직장에 기대하는 것이 없으며 늘 주말이나 휴가를 기다린다. 그리고 자신의 일을 출세로 여기는 사람은 주로 돈과 성공, 힘과 지위 같은 외부 요인에 따라 움직인다. 전임강사는 교수로, 평교사는 교장으로, 과장은 부장으로 승진하고 승격되기를 기다린다. 하지만 자신이 하는 일을 소명으로 생각하는 사람은 일 자체가 목적이다. 보수도 중요하고 출세도 중요하지만 무엇보다 그가 일하는 이유는 스스로 원하기 때문이다. 그는 내적 동기에 따라 움직이고 자신의 일에 만족한다. 열심히 일하고 일에서 자기실현을 끌어낸다. 일하는 것을 의무가 아닌 특권으로 인식한다.

안준희 대표는 자신이 해야 할 일을 소명으로 생각했기에, 그리고 그 기준이 명확했기에 순간순간의 변수에도 흔들리지 않았다. 삶을 풍성하게 만들고 싶다면, 먼저 자신의 기준을 세우자. 그것은 어떤 비바람에도 흔들리지 않는 삶의 버팀목이 되어줄 것이다.

핸드스튜디오의 복지제도 및 기업문화

- **근무제도_** 자율근무제도. 업무 특성상 야근이 잦은 직원들을 위해 출근시간을 체크하지 않는다. 공식 업무시간은 오전 10시부터 오후 7시까지지만 개인의 업무 특성에 따라 유동적으로 진행한다.

  조·중·석식은 모두 회사에서 제공하고 부서별 회식비, 프로젝트 및 부서별 워크숍비도 지원한다. 그 외 핸즈업Hands-Up 데이(매월 첫째주 금요일에 볼링, 공연관람 등 야외 및 문화활동을 진행하는 프로그램), 카트라이더 배틀(매주 1회 4개 조로 나누어 진행하며, 우승한 조에게는 문화상품권 지급), 월드비전 1인 1아동 후원(매달 후원은 물론, 어린이날이나 크리스마스 등 특별한 날에 선물하는 비용 및 시간까지 지원) 등의 제도가 마련돼 있다.

- **휴가_** 7~9월 여름휴가, 12~2월 겨울휴가 각 5일씩. 이외에 봄과 가을에 3일씩 별도 휴가가 있다. 개인 사정이 있을 경우, 협의하에 추가로 휴가 진행 가능.

- **자기계발_** After 30years(30년 후의 꿈을 위해 한 달 중 하루를 '꿈을 닦는 날'로 지정한 자기계발 지원 휴가제도), 도서구입비 지원, 업무 관련 교육비 지원.

- **건강 및 품위유지_** 건강검진비 지원(매년 전 직원 및 직원의 가족에게 공단검진과 10만 원 상당의 추가 검진비 지원), 연 최소 4회 이상 백화점 상품권 및 의복 구입을 위한 시간(업무시간 중) 지원.

- **가족_** 웨딩 서포트(결혼시 1000만 원 지원), 출산 지원금(출산시 1000만 원 지원), 출산 전후 휴가 및 육아휴직, 명절 및 어버이날 고급 한우세트 선물, 매년 호텔 송년회 진행(부모님께 최고급 호텔 숙박권 및 차편 제공).

- **사내 편의시설_** 카페테리아 및 간식창고, 수면실 운영.

- **사내 정서적 복지_** 고양이 키움.

Q 핸드스튜디오가 생각하는 언젠가 이런 복지도?_김소현, 마케팅커뮤니케이션팀 팀장

"현재 구성원의 평균 연령이 스물여덟 살인 '젊은' 회사라서, 당장은 결혼 지원에 초점을 맞추고 있습니다. 하지만 시간이 지나 많은 구성원들이 가정을 이루고 아이를 낳게 될 것에 대비해, 양육과 일을 병행하는 문제를 고민하고 있습니다. 이와 관련해서 대표님과 자주 이야기를 나누는 편입니다.

처음에 안준희 대표님이 생각한 방법은 회사 내에 탁아소를 두는 것이었습니다. 출산한 직원들이 보육교사와 함께 돌아가면서 아이들을 돌보는 방법을 고민한 거죠. 최근에는 좀더 현실적인 방법을 고민중인데, 비슷한 시기에 출산한 직원 세 명 정도를 묶어 집에서 양육하는 겁니다. 세 명의 출산한 직원을 한 명의 보육교사와 짝을 짓고 보육교사가 집 주인과 함께 아이 세 명을 돌보는 거죠. 이렇게 되면 아이를 돌보면서도 회사 업무를 병행할 수 있습니다. 물론 전 직원의 나이 차가 크지 않고 결혼 시기도 비슷하기 때문에 실현 가능한 방법이라고 생각합니다. 이런 고민은 아직 진행중이며, 앞으로도 계속되리라고 생각합니다."

Q 핸드스튜디오의 복지에 대해서 한마디!

"개인적으로 핸드스튜디오에 입사하기 전까지, 회사의 복지제도나 정신에 대해서 크게 비중을 두지 않았습니다. 저는 성취에 대한 욕심이 많은 편이라 '회사는 일을 하는 곳이고, 성과를 내는 데 방해만 되지 않는다면 기업문화는 크게 중요하지 않다'고 여긴 까닭입니다. 하지만 입사 후 회사는 '저만 잘하면 되는 곳'이 아님을 깨달았습니다. 함께 일하는 사람들이 생각하고 믿는 것은, 저도 모르는 사이 제게 엄청난 영향을 끼치더라고요.

중요한 건 기업문화뿐 아니라 자신의 꿈에 도전하며 일하는 '정신'이라는 걸 알게 되었습니다. 결과적으로, 회사의 자유롭지만 도전적인 분위기가 제 업무 성과에도 도움이 되는 것 같아요. 개인적인 바람으로는 이런 회사들이 많아졌으면 좋겠습니다. 어느 흔한 회사의 이야기처럼, 이런 이야기 자체가 화제가 되지 않는 그런 날이 왔으면 좋겠어요!"

욕심을
내려놓을 줄 아는 용기

김상현_국대떡볶이 대표

1. 이름

   김상현

2. 직업

   주식회사 국대에프앤비 대표이사

3. 죽기 전에 내 삶을 돌이켜본다면, 어떤 삶이었으면 하는가?

   사랑하는 사람들에게 부끄러운 마음 들지 않게.

4. 그것을 위해 나는 어떤 일을 하고 싶은가?

   잘못하면 사과하고, 잘못된 일에 싸울 수 있는 것.
   힘을 길러서 지켜주는 것.

5. 그 여정에서 나에게 '돈'이란 무엇인가?

   차갑고 뜨거운 것이 아닌, 시원하고 따뜻한 것.

6. 나를 일하게 하는 '힘'은?

   꿈.

7. 나에게 '착하다'라는 것은?

   진솔한 것.

코스트코Costco는 우리나라에서도 큰 인기를 끌고 있는 미국의 대형 할인·유통매장이다. 코스트코 하면 대부분 대량구매, 저렴한 가격, 회원제 서비스 등을 떠올린다. 특히 상대적으로 낮은 판매가 때문에 코스트코에 들어가면 과다 소비를 하게 된다는 뜻의 '코스트코 효과'라는 말까지 나올 정도다.

하지만 코스트코의 진짜 성공비결은 따로 있다. 이 회사는 임원의 임금을 낮추는 대신 직원의 복지에 많은 돈을 투자하고 있다. 제품의 판매마진이 원가 총액의 14퍼센트를 넘지 못하게 하는 '이익 상한제'도 실시하고 있다. 또한 15만여 개의 상품을 취급하는 여타 마트에 비해, 4000개 정도의 품목만 다룬다. 광고도 하지 않는다. 미국 코스트코에서 파는 핫도그는 창사 이래 단 한 번의 가격 인상 없이 여전히 1달러 50센트다.

'유통업계의 워런 버핏'이라고 불리는 짐 시네걸Jim Sinegal 코스트코 전 회장은 이렇게 말했다.

"우리가 임금을 높게 유지하고 가격을 함부로 올리지 않는 것은 직원과 고객을 모두 행복하게 해주기 위해서지만, 또한 매우 현실적인 선택입니다. 유통회사는 중산층이 많아져야 지속적으로 성장할 수 있습니다. 기업이 이익을 독점하기보다는 직원, 고객과 이익을 나눠야 꾸준한 성장이 가능합니다."

'더 많은' 이윤을 추구하는 대신 주어진 이윤에 만족할 줄 아는 태도, 충분한 것을 충분하다고 받아들일 수 있는 여유, 가지기보다 나누려는 배려…… 이윤 추구를 목표로 하는 기업 입장에서는 결코 쉽지 않은 일이다. 그래서 더욱 빛난다.

욕심을 내려놓을 줄 아는 용기, 이러한 짐 시네걸의 마인드를 꼭 닮고 싶은 사람이 있다. '국대떡볶이'를 운영하는 (주)국대 F&B의 김상현 대표가 바로 그 주인공이다.

생각할 시간에 움직인다,
'무작정'의 힘!

대학에서 체육학을 전공할 당시, 김상현 대표의 고민은 '뭘 해서 먹고 살아야 하나?'였다. 전공은 적성에 맞지 않았고, 이렇다 할 스펙도 없었다. 하고 싶은 일도, 할 수 있는 일도 없었다. 앞으로 무엇을 해서 돈을 벌어야 할지 막막한 상태로 입대한 그는 우연

히 『부자 아빠 가난한 아빠Rich dad poor dad』라는 책을 읽고 엄청난 충격을 받았다.

'사업이라는 게…… 특별한 사람만 할 수 있는 일이 아니구나. 그럼 나도 가능하지 않을까?'

그때까지는 사업을 할 수 있는 사람들이 정해져 있다고 생각했다. 하지만 그 책을 통해 '나와는 먼 당신'이었던 사업이 가깝게 느껴졌다.

그간 숱한 기업가들이 맨손으로 이루었다고 하는데…… 정말 맨바닥에서 시작해도 될지 믿을 수 없었다.

믿을 수 없다면, 믿을 수 있도록 내가 직접 해보자!

무역을 하고 싶어서 군대를 제대하고 영어를 배우러 캐나다로 향했다. 군고구마도 팔고 이삿짐센터에서도 일하면서 악착같이 돈을 모았다. 그렇게 마련한 자본으로 캐나다 몬트리올에서 주류 유통사업을 시작했다. 캐나다는 정부의 허가를 받은 곳에서

욕심을 내려놓을 줄 아는 용기   김상현

만 주류를 팔 수 있기에, 매번 거리가 먼 판매점까지 찾아가야 하는 번거로움이 있었다. 바로 이 점에 착안해, 다운타운 지역의 사람들에게 일정 금액을 받고 주류를 배달해주는 사업을 시작한 것이다. 예상대로 사업은 순항을 거듭해, 스물네 살의 젊은 CEO는 한 달에 5000달러를 벌어들였다.

하지만 혼자서 해내려다보니 한계가 있었다. 그래서 떠올린 것이 한국에서의 의류사업. 캐나다에서의 경험을 기반으로 하면 승산이 있겠다 싶었다. 아이템이 생각나자마자 두 달 내내 사업계획서만 썼다. 그리고 한국으로 돌아와 집에도 가지 않고 곧장 동대문으로 향했다. 역시 사업은 잘됐다. 하지만 얼마 지나지 않아 망했다. 3년 뒤, 그에겐 1억 원의 빚만 남았다.

의류사업이 한창일 때, 농담 반 진담 반으로 "내가 제일 좋아하는 떡볶이, 이거 언젠가는 사업화할 거다"라는 말을 곧잘 하곤 했는데…… 망하고 나니 '떡볶이'가 가장 먼저 떠올랐다. 그래서 또 바로 실행했다. 유명한 떡볶이 가게에 찾아가 무작정 "가르쳐주이소!"라며 매달렸다. 장사가 잘되는 식당은 반드시 이유가 있었다. 단 한 가지라도 좋으니 내 것으로 만들어야겠다고 다짐하고, 단순하고 무식하게 일하며 배웠다.

이후에도 소문난 가게는 무조건 가서 먹어보고, 집에 돌아와 유추한 레시피대로 만들어보며 떡볶이를 독학했다. 그렇게 몇 개월, 어느 정도 맛이 완성되었다는 확신이 들었을 때 있는 돈 없는 돈 모두 끌어모아 간신히 포장마차를 시작했다. 사실 포장마차는 테스트 과정이라고 여겼다. 8개월 동안 손님들의 반응을 면밀히

살피면서 맛과 서비스를 계속 업데이트하는 한편, 사업계획서를
써나갔다. 그리고 얼마 후, 국대떡볶이 1호점이 문을 열었다.

적게 주고 많이 얻어라?
많이 주고 많이 얻어라!

얼마 전 국대떡볶이는 한바탕 소란을 겪었다. '무無가맹비 정책'
을 두고 김상현 대표와 임직원 사이에 의견이 엇갈렸던 것이다.
팽팽한 대립 끝에 결국 김대표의 뜻대로 2012년 6월 1일, 무가맹
비 정책을 발표했다. 점포당 적게는 2000만 원, 많게는 4000만
원 넘는 가맹비를 통해 수익을 올리는 프랜차이즈의 관행에 비춰
볼 때, 분명 '사건'이었다. 점주들조차 "정말이냐?"며 본사로 전
화를 걸어올 정도였다. 막대한 수익을 스스로 포기한 셈이니, 그
럴 만도 했다. 도대체 무슨 생각이었을까? 궁금한 마음에 그에게
물었다.
　"어떻게 그런 결정을 내리시게 됐나요? 마케팅 전략 중 하나
인가요? 누구를 위한 거예요?"
　여기에 대한 그의 첫마디는 "그냥…… 저는 '심플'하고 싶어
요"였다.
　"최대한의 심플이 제 인생전략이자 사업전략입니다. 저는 복
잡한 걸 정말 싫어하거든요. 저는 그냥 제가 노력한 만큼 돈을 가
져가는 게 편해요. 그 이상의 것은 다른 사람들과 나누려고 하는

거예요. 심플하게."

안 가져가겠다는 것도 아니고 적당히 남기겠다는 것인데, 그저 덜 가져가는 것뿐인네, 사람들이 신기해한다. 더 남기려면 머리를 써야 하고 복잡한 생각을 더 많이 해야 하니, 차라리 그 시간과 에너지를 사업을 발전시킬 방안을 찾는 데 쓰겠단다. 일한 만큼만 가져가겠다는 심플한 생각이 전부라는 설명이다.

여대 앞에서 노점상을 하던 김대표의 떡볶이 맛에 반해서 가맹점을 원하는 사람들이 하나둘 늘어나 국대떡볶이는 프랜차이즈 회사가 되었다. 그는 가맹점을 내고 싶어하는 사람들에게 세 가지를 말한다.

"넉넉히 주세요."

"덜 남기세요."

"너무 계산하지 마세요."

우리가 보통 생각하는 효율은 최소한의 투입으로 최대한의 성과를 내는 것이다. 적게 들이고 많이 얻어라. 그런데 김대표는 이것이 부자연스럽다고 말한다. 적게 줬는데 많이 받는 것이 과연 자연스러운 일인가 하는 지적이다. 그래서 그는 "많이 줘서 많이 얻어라. 그리고 많이 얻은 것을 나누자"라고 주장한다.

그렇게 외치면서 돌아보니 자신부터 적당히 가져가야겠다는 생각이 들었다. 당당하게 주장하기 위해서는 말보다 행동이 먼저였다. 사업을 쭉 둘러봤다. 가맹비, 교육비, 로열티, 인테리어·리뉴얼 비용 등을 제외하고 물류비로만 회사가 유지될까? 계산기를 눌러보니 'Yes'라는 답이 나왔다. 같이 계산하던 직원도 "어? 가능하겠는데요?"라고 말하면서 그들의 실험은 시작됐다. 무가맹비 정책이 탄생한 것이다.

그는 분명히 말한다. 회사마다 상황이 다르며, 프랜차이즈 자체가 장사의 노하우를 배우고 그에 대한 보상으로 로열티, 가맹비를 지불하는 것이기 때문에 결코 잘못된 제도가 아니라는 것이다. 그것이 틀려서 옳은 전략을 세운 것이 아니라 그저 다른 전략을 세운 것뿐이라고.

"모두에게 좋은가…… 늘 이게 판단 기준이에요. 국대떡볶이 이미지가 좋아지고, 아낀 돈만큼 투자해 좋은 재료로 요리하면 지점들은 손님이 많아질 테고, 가맹점이 늘어나면 물류비로 돈을 버니 저희도 부자가 되고…… 재료를 공급해주는 분들께는 일한 만큼 보상해드리면 좋고, 소비자들은 더 맛있는 음식을 드시고…… 다 좋잖아요."

Good for everybody. 모든 판단 기준은 '모두'이다. 누구에게나 좋은 결과를 안겨줄 수 있는가를 고민한다는 뜻이다. 가맹비를 받지 않으면 물론 단기간에는 손해를 볼 수밖에 없다. 하지만 지점이 더욱 늘어날 것을 감안하면, 업계 전반적인 평균치와 비교해도 영업이익이 13~14퍼센트 나온다니, 업계의 제 살 깎아먹는 일도 아니란다. 그러니 하지 않을 이유가 없다는 것이 김 대표의 설명이다.

나는 놀이터에서
사업의 모든 것을 배웠다

느릿한 말투, 경상도 사투리, 새로운 사업을 위해서 얼마 전까지 새롭게 준비하는 식당에서 직접 일했다는 성실한 대표. 그는 웬만해서는 잘 놀랄 것 같지 않다. 캐나다에서 군고구마 장사부터 시작해 노점상에, 동대문 의류사업 등 거칠게 살아온 그의 내공이 느껴진다.

그런데 묵직한 내공을 만든 토대가 의외다. 김대표는 어릴 적 놀이터에서 배운 것만 잘해도, 사업에 성공할 수 있다고 말한다. 인사 잘하기, 함께 나누기, 배려하기, 말 잘 듣기…… 아주 당연한 것들이지만 놓치기 쉬운 일들이다. 실제로 국대떡볶이 1호점을 열었을 때 큰 소리로 인사했는데 손님이 나가면서 "오픈한 지

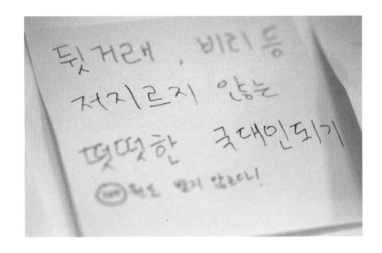

나는 착하게 돈 번다

얼마 안 되어서 이렇게 인사를 잘하나봐요"라고 이야기했단다. 순간 '당연한 것만 지키면 이거 잘되겠는데?' 하는 생각이 들었다고. 다른 식당에 가서 "여기 물 한 잔 주세요"라고 말했는데, 쳐다보지도 않고 휙 가버리는 직원의 등을 보면서 더욱 확신했다. '이래서 내가 할 만하구나.'

놀이터에서 배운 당연한 것들 지키기. 하지만 수백 개의 가맹점, 1000여 명의 직원들이 모두 김대표처럼 행동할 수는 없을 것이다. 그래서 예기치 않은 오해를 살 때도 있다. 가맹점이나 본사 직원들이 부담스러워하지 않느냐고 물으니, 그가 대뜸 유튜브에 접속해서 동영상을 보여준다. 예술과 기술, 생물학과 공학을 결합시켜 전에 없던 새로운 작품을 만들며 '21세기의 레오나르도 다빈치'라 불리는 테오 얀선Theo Jansen의 동영상이다.

해변을 거닐고 있는 괴상한 괴물들. 혼자서 사는 법을 터득하며 스스로 생존하는 이 괴물들은 음식이 아닌 바람으로 에너지를 얻는다. 바람을 이용해 움직이고 바람을 통해 모든 위험을 감지한다.

신기하긴 한데 이걸 왜 보여줄까 궁금해하는데, 국대떡볶이의 모든 지점이 스스로 자신의 방식으로 살아남았으면 좋겠다는 설명을 덧붙였다. 라면 10개를 사람들에게 나눠주면 다 맛이 다르게 끓이는 것처럼 말이다. 가장 보편적인 요리방법은 봉지에 설명돼 있지만 각자의 입맛에 맞는 조리법을 개발하듯, 가맹점도 각자의 색을 입혀서 운영하길 바란다는 뜻이었다.

욕심을 내려놓을 줄 아는 용기   김상현

『태도의 차이』라는 책에는 '궁극의 기부자'로 유명한 헌츠먼 코퍼레이션Huntsman Corp.의 존 헌츠먼Jon Huntsman 회장의 인터뷰가 실려 있다.

"정말 양심과 도덕이 성공의 재료라는 겁니까?"

"물론이죠. 그게 자연의 법칙인걸요. (중략) '공정하라, 속이지 마라, 예의를 지켜라, 진실만을 말해라, 공평히 나눠라, 약속을 지켜라.' 난 이 여섯 가지 원칙에 매달려 살았어요. 모두 우리가 어릴 적 놀이터에서 배운 것들입니다."

김상현 대표가 말하는 '생각'을 생각해내는 방법

첫째, 불편함에 주목하라.

나는 대개의 경우 '내 경험의 불편함'에서 아이디어를 얻는다. 물리적인 불편함은 물론이고, 정서적인 불편함도 허투루 넘기지 않는다. 예를 들어 식당이나 카페에 가면 '외부음식 반입 금지'라는 문구를 종종 볼 수 있다. 업주 입장은 충분히 이해하지만, 때론 '나는 외부음식을 가지고 올 생각도 없는데……'라는 생각이 들어 마음이 불편해진다. 인심이 박하게 느껴지기도 하고.

어찌 보면 그것에 대한 작은 반항심 혹은 풍자하고자 하는 발상에서 우리 가게에 작은 변화를 줬다. 출입문에 '외부음식 반입 환영'이라고 적어놓은 것이다. 물론 말만 그런 게아니라 진심으로 환영한다. 우리 가게에서 팔지 않는 김밥 등을 가져와 우리 떡볶이와 같이 맛있게 드시면 나 역시 기분이 좋아진다. 그 문구가 재미있는지 블로그에 올려주는 분들도 꽤 많다.

둘째, 좋아하는 것에 집중하라.

나는 떡볶이 장사를 하기 훨씬 이전부터 떡볶이를 정말 좋아했다. 내가 좋아하는 것이기 때문에 그것을 공부하고 알아가는 일 역시 힘들기는커녕 재미있기만 했다. 관심이 많으면 만족도 불만도 많은 법이다. 불만이 있으면 개선이 있다. 내가 잘 알고 좋아하는 것을 개선하는 것은 아이디어를 얻는 방법 중에서 가장 쉬운 방법이다. 이미 좋아하던 것을 더 깊이 이해하려는 것과 그렇지 않은 것을 이해하려는 것은 그 출발점부터 다르다.

셋째, 잘되는 이유를 찾아라.

나보다 뛰어난 사람들을 찾아가 배우는 것이다. 우리는 남들이 줄서서 먹는 음식점을 찾아간다. 그리고 가게를 나서면서 '소문보다 별로네'라고 쉽게 평한다. 그러나 잘되는 집에는 어떤 것이든 배울 점이 있다. 반드시, 무조건 있다. 이유 없이 잘되는 집은 존재하지 않는다.

고급 서비스를 경험하고 맛을 경험하는 데 투자해야 한다. 고기도 먹어본 사람이 그 맛을 안다고 직접 경험해봐야 제대로 이해한다. 만 원짜리 식사를 열 번 하는 것도 좋지만 10만 원짜리 식사 한 번이 몇천만 원의 가치를 하는 아이디어로 돌아올 수도 있다. 수십만 원을 주고 학원에 다니면서 10만 원짜리 한 끼 식사는 너무나 아까워한다. 경험에 돈을 아끼지 말자.

이 세 가지가 바로 내가 아이디어를 얻는 방법이다. 그 외에 수많은 방법이 많겠지만 나는 내 생활의 불편함, 내가 좋아하는 것, 잘되는 집 찾기, 이렇게 세 가지 방법으로 얻는 영감만 해도 감당이 되지 않을 정도다. 아이디어를 떠올리는 것에 대해서 너무 어렵게 생각하지 않는 것이 중요하다. 아이템, 아이템 하는데 나는 그것들이 넘쳐나서 오히려 억눌러야 할 정도다.

사실 좋은 아이디어는 누구나 가지고 있다고 생각한다. 절대로 내가 특별해서 떠오르는 것이 아니다. 우리는 자주 '아, 이거 내가 생각했던 건데'라고 말한다. 그것 보라. 우리는 모두 꽤 창의적이다. 생각한 것을 실행하느냐 실행하지 않느냐의 차이가 있을 뿐이다.

꿈을 향한 도전,
그것은 내 인생에 대한
예의다

이명한_두산인프라코어 직원·CE 대표

1. 이름

이명한

2. 직업

회사원이자 비영리 CEO

3. 죽기 전에 내 삶을 돌이켜본다면, 어떤 삶이었으면 하는가?

내 존재가 그리고 내 생(生)이 세상에 가치 있는 것이었으리라.
가치 있는 것이란 타인에게 행복을 전하고, 깨닫고, 또 이롭게 돕는 일.

4. 그것을 위해 나는 어떤 일을 하고 싶은가?

스스로 행복하고 실제 세상과 소통하는 법을 배우며
실제로 두려움 없고, 따뜻한 영혼의 힘으로 세상에 거침없이 소리친다!
"행복하자고..." (수행자이자 뛰어난 경영자로 이름 이루고 싶다.)

5. 그 여정에서 나에게 '돈'이란 무엇인가?

그 가치를 혹은 누군가의 땀과 희망의 "정량화"된 형태이며,
소유가 목적이 아닌 이루기 위한 귀한 "도구"이다.

6. 나를 일하게 하는 '힘'은?

나로 인해 웃고 감동하는 이들이 세상에 숨 쉬고 있다는 것이
느껴질 때의 "감동"

7. 나에게 '착하다'라는 것은?

자연스럽기 그지 없어서 모든 사람과 일들이 이로운 것!

'딱 200만 원으로 가는 아주 기발한 여행.'

정체 모를 공모전 하나가 대학생들의 커뮤니티에서 일주일 내내 상위권에 올라 있었다. 주최하는 단체의 정체 역시 모호하고, 후원기업이나 협찬기업도 없다. 공모전 수상을 '스펙'의 하나로 간주하는 요즘 젊은이들에겐 그다지 이득이 될 것 없는 행사. 그런데도 대한민국 팔도는 물론이고 심지어 미국에서까지 학생들의 신청이 밀려들었다.

이유는 단 하나, 재미있을 것 같아서!

세상을 뒤흔들 열정을 가진 이들을 불러 모은 주인공은 평범한 회사원. 두산인프라코어 건설기계사업부에서 전략·기획을 담당하고 있는 이명한씨가 이 생소하지만 흥미로운 행사를 만든

장본인이다. 그는 시장환경의 변화, 경쟁상황의 변화를 파악해서 중장기 계획 및 전략을 수립하는 업무를 맡고 있다. 제품의 기획·생산·판매 등 전반적인 전략과 장기적으로 어떤 경쟁력을 가져가야 할지 고민하는 재미난 일이다. 예를 들어 넓디넓은 중국 시장에 더 많은 굴착기를 팔기 위해서는 어떤 전략이 필요한지 연구하고, 굴착기 한 대가 몇십 명의 노동력과 맞먹는지 등을 분석한다.

장기적으로 시장을 내다보고 필요한 일을 고민하다보니, 기본적으로 분석과 토론에 많은 시간을 할애한다. 출장도 잦다. 7년 동안 40여 개국 100여 개 대리점과 고객사를 만나고 다녔다. 회사를 다니며 많은 것을 얻고 배운 것은 사실이지만, 늘 촉박한 마감기한과 생산성 높은 결과물에 대한 압박으로 스트레스 역시 만만치 않았다. 보다 많은 바이어와 회의를 하기 위해 밤 비행기를 타고 이동했고, 뜬눈으로 지새운 날만큼 체력도 정신력도 열정도 고갈되어가고 있었다.

어려운 계약을 성사시키고, 회사에 결정적 도움이 될 연구결과를 내놓고, 일하면서 얻는 성취감과 보람이 적었던 것은 아니다. 하지만 일에 매진하면 매진할수록 마치 가시 하나가 걸린 것처럼 마음이 불편했다. 뭔가 해결하지 못한 찜찜한 기분의 정체가 바로 지난날의 꿈이었음을 깨닫는 데는 그리 오랜 시간이 걸리지 않았다.

　　　꿈을 향한 도전, 그것은 내 인생에 대한 예의다　　　　　　　이명한

"꿈을 찾고자 한다면,
내일은 없다는 생각으로 오늘에 집중하라"

지금도 기억난다. 열한 살의 나는 무대 위에서 떨고 있었다. 몸이 움직이지 않았다. 수많은 이들이 나를 보고 있었다. 공정하지 못하다고 생각했다. 그들은 내가 보이는데, 나는 그들이 보이지 않았다. 실체를 알 수 없는 어둠 속의 수많은 시선이 부담스러웠다. 심장이 터져버릴 것 같았다. 정지해버린 몇 초가 몇 시간처럼 느껴졌다.

그러다 문득 첫 줄에 앉은 노부부와 눈이 마주쳤다. 무대 위의 강한 조명 때문에 잘 보이지 않았지만 노부부는 두 손을 꼭 잡고 나를 쳐다보고 있었다. 마치 세포 하나하나까지 집중하며 모든 에너지를 나에게 발사하고 있는 듯했다. 실수해도 괜찮다는 듯한 따뜻한 눈빛으로 나를 녹여주었다. 그제야 나는 손을 뻗을 수 있었다.

사소한 에피소드일지 모르지만 노부부와 눈빛으로 소통하며 나를 표현했던 무대 위의 경험은 잊지 못할 기억이 됐다. 그때부터였다. 언젠가 절박한 상황에 놓인 이들에게 단 한 명의 응원단이 되어주고 싶다는 꿈을 키운 것은. 누군가와 손을 잡지 않고도 말을 하지 않고도 '통한다'는 것, 내가 누군가에게 새로운 경험과 감정을 줄 수 있다는 것, 노부부의 에너지가 내게 전해진 것처럼 나 또한 누군가에게 에너지를 전해주고 싶다는 바람을 품었다.

그때 느꼈던 통한다는 감정, 에너지 전이의 경험과 비슷한 것을 찾아내기 위해서 나는 방송이라는 직업을 찾았는지도 모른다. 시작점에서는 따라가기 벅찼고, 어느 정도 익숙해졌던 2~3년 차에는 일에 흠뻑 젖어 신나기만 했다. 하지만 시간이 점점 더 흐르면서 내가 지향했던 목적과 가치는 말로만 허공을 맴돌 뿐 바쁜 일상에 묻혀갔다.

당신은 어린 시절 당신을 가장 행복하게 만들어주었던 일을 기억하는가? 그것들은 여전히 당신 삶 속에 녹아들어 있는가?

내 시간들을 쓸데없이 낭비하는 것은 아니지만, 나름 열심히 최선을 다해 살고 있지만, 어른으로서의 삶은 학업과 일에 대부분의 시간을 할애해야 했다. 그러면서 어릴 적 나의 꿈은 먼 옛날에 '하고 싶었던 것' '그땐 그랬지'로 변하고 말았다. '그땐 그랬지'가 되어버린 꿈, 나를 가장 행복하게 해주던 일, 마음속 깊은 곳에 있던 비밀스러운 꿈을 다시 찾기 위해 노력하는 이들이 궁금했다. 그래서 만난 사람 중 한 명이 바로 이명한 CE 대표였다.

Dream, 잊혔던 꿈. 이명한 대표는 어떤 꿈을 꾸었을까? 초등학생 때는 과학자, 중학생 때는 고고학자, 고등학생 때는 천문과학자라는 '직업'을 꿈으로 삼았다. 그런데 스물세 살의 어느 날, 그를 뒤흔든 계기가 있었다.

장벽이 거기 서 있는 것은 가로막기 위해서가 아니다. 그것은 우리가 얼마나 절실하게 원하는지 깨달을 수 있도록 기회를 제공하는 것이다. 장벽은 절실하게 원하지 않는 사람들을 골라내려고 존재한다. 장벽은 당신이 아니라 '다른' 사람들을 멈추게 하려고 거기 있는 것이다. 꿈을 간절히 찾고자 한다면 내일이 없다고 생각하고 '오늘 무엇을 할 것인가'에 집중해보라.

랜디 포시Randy Pausch, 진 카네기멜론 대학교 교수

〈오프라 윈프리 쇼〉에 출연한 랜디 포시 교수의 이야기는 '어떤 인생을 살아야 할까? 내 꿈이 정확히 무엇일까?' 고민하던 이명한 대표에게 답을 보여줬다. 포시 교수는 자신의 꿈을 이루기 위해 한 가지 방법만을 고집하지 않았다. 디즈니에 들어가는 것이 꿈이었지만, 현실적인 여건상 입사가 어렵다는 사실을 알고 방향을 바꿔 공학도가 됐다. 그리고 교수가 되어 가상현실을 연구하며 디즈니의 사람들과 즐겁게 공동 프로젝트를 추진할 수 있었다. 그는 꿈으로 가는 길이 한 가지가 아님을, 조금만 더 고민하고 조금만 더 노력하면 꿈에 도달하는 길이 다양하게 펼쳐짐을 몸소 보여준 것이다.

이대표의 꿈은 포시 교수처럼 구체적이지 않았다. 그저 '무엇을 하는 사람이 아닌 어떤 사람이 되고 싶다' '세상을 좀더 긍정적인 방향으로 변화시키는 아주 똑똑하고 따뜻한 사람이 되고 싶다' '마지막까지 불꽃처럼 타다가 사라지고 싶다. 이왕이면 세상을 좀더 오래 비추면서' 같은 막연한 생각만 했을 뿐이다.

막연하다고 해서 강렬하지 않은 것은 아니었다. 그 꿈을 어떻게 이룰지 방법을 찾지 못했을 뿐, 이루고자 하는 열망만은 누구보다 강했다. 제갈량과 같은 천재적인 지략을 가지고, 한나라를 세운 유방과 같은 매력을 지니며, 스티브 잡스처럼 영감이 넘

쳐나며, 빌 게이츠처럼 강력한 추진력을 가졌지만 여전히 따뜻한 사람. 한마디로 말도 안 되는 꿈. 하지만 분명 조금만 더 고민하고 조금만 더 노력하면 도달할 수 있다고 믿었던 꿈.

이런 거대한 꿈을 꾸던 청년이 회사에 들어오니 막막하고 갑갑할 수밖에. 조직에서 개인의 가치를 추구하기란 쉽지 않았다. 내가 하는 일이 단지 나와 회사의 부를 축적하는 일 이상의 가치는 없다는 생각에 자괴감과 소모품으로 전락했다는 좌절감이 몰려왔다. 그땐 그랬다. CE를 통해 배운 것들을 토대로 현재 회사의 보석 같은 사람들과 새로운 배움을 발견하기 전까지는 말이다.

왜 많은 직장인들이 꿈을 잊고 사는 걸까? 어느 순간부터 삶의 목적보다 앞서는 것들이 생기기 시작한다. 회사 안팎으로 해결할 일들이 산적해 있는데, 내 꿈을 찾아 덤비려니 왠지 모를 죄책감이 든다. 무리가 만들어준 꿈을 내 꿈이라고 착각할 때도 있다. 회사에서 성과를 내고 인정받아 승진하고 임원이 되면 내 인생은 성공이라는…… 무리의 꿈이 나의 꿈으로 대체되는 순간, 내 꿈은 설 자리를 잊는다.

이대표도 꿈을 포기했다기보다 어영부영 본의 아니게 꿈을 잊고 살다가 불현듯 정신이 들었다. '아, 이러고 있다간 그냥 시시한 삶을 살다 갈 수도 있겠구나!' 포시 교수가 직진 대신 우회로 꿈에 도달했듯, 회사 일을 하면서도 꿈을 이룰 수 있는 방법을 찾아야겠다는 결심이 섰다. 그래서 친구들을 모아 뭔가 시작해보기로 했다. 입사한 지 2년 만의 일이었다.

꿈을 향한 도전, 그것은 내 인생에 대한 예의다 이명한

내 꿈을 찾아야겠다고 결심한 후, 그는 브라질 출장에서 돌아오는 비행기 안에서 드디어 사고(!)를 친다. 영화도 다 보고, 책도 다 읽고, 무료함의 끝을 달리던 그가 메모지에 끼적인 것은 탐험가라는 단어, 전구, 물음표, 느낌표……

그리고 무의미하게 흘러갈 수 있었던 생각들, 쓰레기통에 버려질 수 있었던 메모는 'Creative Explorers'라는 이름으로 탄생했다.

Creative Explorers, 창의적 탐험가들이란 어떤 사람들일까?

일단 새로운 것에 대한 관심이 많을 것이고, 해보지 않은 일에 도전하는 데 주저함이 없을 것이며, 조건이 열악하더라도 모험정신을 자극한다면 뛰어들 열정을 갖추고 있는 사람들일 것이다. 그렇다면 그런 사람들이 '제대로' 놀 무대를 마련해보자! 2010년 가을, 주식투자로 날렸다고 생각하고 '딱 200만 원으로 하는 프로젝트' 시리즈를 기획한 배경이다. 공모전 사이트에 '딱 200만 원으로 가는 아주 기발한 여행'을 올리고 하루, 이틀, 사흘…… 어라? 학생들이 관심을 갖기 시작했다. 여러 질문들이 올라왔다.

'이 공모전 누가 하는 거예요?' '진짜 200만 원 주나요?' '내 아이디어만 쏙 가져가는 것 아니야?'

주최하는 단체는 생소하고 후원하는 단체도 없으니 관심을 보이면서도 의심의 눈길을 거두지 않는 사람들을 보며, 이대표는 직접 해명(?)의 글을 올렸다.

제가 왜 이런 일을 계획했는지 궁금하시죠? 아이디어만 뺏기는 건 아닌지, 돈은 진짜로 주는 것인지 모르겠다고요? 걱정 마세요! 통장 잔고 200만 원! 정확히 확인했습니다.

공모전을 하자니 후원도 필요했고, 협찬도 필요했습니다. 하지만 지금 더 절실한 것은 다 갖추어진 그런 위풍당당 공모전이 아니라 도전의 한 부분으로서 그냥 생각과 열정, 신념만으로 시작하는 그런 공모전입니다. 그래서 명확한 계획과 사람, 그리고 달랑 200만 원을 들고 시작합니다.

그냥 그랬습니다. 제가 보기엔, 여러분이 세상에 적응해나갈 것이 아니라 세상이 여러분에게 적응해야 할 것 같았습니다. 미래를 준비하는 저와 제 친구들이 보기엔, 여러분이 고작 이력서를 채우기 위해 도서관에 박혀 있을 그런 젊은이는 아닌 듯 보였습니다. 변화를 주도해보고 싶은 우리들이 보기엔, 젊은이들이 스스로의 창조적인 본성을 증명해나간다면, 지금 현시대가 가장 필요로 하는 creative value를 얼마든지 뿜어낼 수 있을 것으로 확신했습니다.

쐐기를 박듯 통장 사본까지 스캔해서 올리니, 반응은 폭발적! '우리 부족한 젊은이들을 응원해주셔서 감사합니다ㅠㅠ' '이런 재미난 생각을 할 수 있는 기회를 주셔서 감사합니다. 행복한 시간이에요' '저의 이 넘쳐나는 열정을 담을 그릇이 없어요. 그릇을 좀 내주세요' '우와~ 내 스타일이야' 같은 열광적인 답변이 줄을 이었다.

점심시간 틈틈이 공모전을 도와줄 자원봉사자 모집 글을 올리고, 100여 개 넘는 신청 팀 중 20개 팀을 선정했다. 그렇게 다가온 공모전 경연 당일 아침, 그는 텅 빈 강의실에 혼자 앉아 있었다. 전날 브라질에서 돌아온 터라 시차적응도 되지 않은 채 퀭한 눈으로, '설마 사람들이 많이 오겠어?'라는 생각으로 준비를 많이 못한 미안함을 덜어내려고 했는데, 설마가 사람 잡을 줄이야. 빈 강의실에 한 팀, 한 팀 사람들이 모여들기 시작했다. 그 이른 아침에 강원도, 제주도, 중국에서 찾아온 사람들이! 학생들이

품은 열정은 그가 생각했던 것보다 훨씬 더 뜨거웠다.

경연은 여섯 시간 넘게 진행되었고, 강의실에는 기발한 아이디어들이 넘실댔다. 그날의 1등은 '장터 유람기' 팀이었다. 전통 장터를 돌면서 몸을 쓰는 일의 보람, 땀이 밴 삶의 즐거움을 사람들에게 널리 알리겠다는 아이디어였다. 심사를 맡은 직장인들보다는 함께 참여한 학생들의 표가 '장터 유람기' 팀에 몰렸다. 청년들이 스스로 사회적 문제를 해결하고 싶은 의지를 지녔다는 사실을 확인하는 순간이었다.

그렇게 '장터 유람기' 팀은 200만 원을 들고 여행을 떠났다. 일주일 동안 전국 5도에 있는 다섯 개의 시장을 돌며 500인분의 미숫가루를 상인들에게 나누어 주면서, 대한민국의 재래시장 문화와 상품을 공유하고 개발하는 프로젝트였다. 시골장터는 어르신들의 주 무대였다. 그곳에서 젊은이들이 건넨 미숫가루는 단순한 음료가 아니라 청춘의 에너지였고, 교감의 다리였던 셈이다. 그리고 역시나 이 젊은 여행자들은 매 순간 창의력을 발휘했다.

'좋은 아침입니다. 오늘 저희는 ○○시장으로 이동할 거예요. 가는 중에 버스 태워드릴게요. 미숫가루를 기똥차게 잘 타는 바리스타, 카메라로 촬영이 가능한 영상 전문가, 장터에서 공연할 인디밴드 등 원하시는 분들 손 들어요! 저희가 태워드립니다. 아니, 같이 여행 가요!'

SNS에 글을 올리면, 신기하게 전국 각지, 장터마다 사람들이 짠! 하고 나타났다. 매일 아침 캠핑카의 이동경로와 목적지를 트위터에 올리면 중간에 팀을 맞이하러 나온 응원단도 있었다. 이

꿈을 향한 도전, 그것은 내 인생에 대한 예의다 이명한

친구들을 보면서 이명한 대표는 생각한 것, 진실로 믿는 것, 그리고 눈으로 직접 보고 확인하는 것은 다르다는 사실을 새삼 느낄 수 있었다. 이 멋진 친구들은 얼마 전에도 그들 스스로 세번째 여행을 다녀왔다고 한다.

설렌다면, 그것으로 뛰어들 준비 완료!

1회 공모전에서 20대 청년들이 사회문제를 보는 시각, 그에 대한 진지함을 확인했다면, 2회는 놀이문화에 대한 고민이었다. '딱 200만 원으로 하는 아주 기발한 파티'라는 주제로 진행된 2회는 '미혼모들을 위한 파티'가 1등을 차지해 참여자와 기획자 모두 매우 즐거운 파티를 벌였다. 그리고 3회는 가장 기발한 돈벌이를 주제로 삼았다.

어떠한 틀에도 갇히지 않은 순수한 열정을 가진 젊은이들. 그럼에도 불구하고 사회가 정해놓은 기준에 얽매여 자신의 열정을 제대로 뿜어내지 못하는 이들에게 발산할 무대를 마련해주는 것, 그 꿈을 위해 이대표는 오늘도 바삐 움직인다.

그의 믿음 중 '네가 가진 재능은 너 혼자 배불리 먹고 살라고 하늘이 준 것이 아니다. 그 재능으로 세상을 좀더 살기 좋게 만들라고 준 도구일 뿐'이라는 생각이 있는데, 이 믿음이 그를 방치해두었던 꿈에 도전하게 만들었다. 그리고 그가 시작한 여러 가지 일 중 가장 강력하면서 에너지 넘치는 일이 바로 공모전이 되었다. 1년에 한 번 주식투자로 날린 셈 치자고 투자한 200만 원은 그 이상의 가치를 선물해주었다.

그의 이야기를 들으며, 다니는 직장이 한가해서 혹은 시간이 많아서 이런 일도 벌일 수 있는 것 아니냐고 생각하는 사람이 있을지도 모르겠다. 그 에너지를 차라리 회사에 쏟아붓는 편이 훨씬 더 효율적이라는 시선도 있을 것이다. 이에 대한 그의 변명 혹은 해명 혹은 설명.

"인간이 평생 성장을 목표로 한다면 매 순간 배워야 한다고 배웠습니다. 그리고 도전하는 것에는 어마어마한 배움의 요소가 있어요. 어떤 일을 실행하다보면 평소에 잘 몰랐던 부분을 보고 듣게 되고, 그러한 전문성이 있는 사람들과 대화하고 같이 문제를 풀면서 간접적으로 그 전문성을 경험하게 되죠. 이러한 도전이 실패로 돌아가더라도, 현재 제 직장생활에 많은 도움이 될 것이라고 믿었습니다.

그리고 직장인은 회사와 계약관계를 지속하는 사람들이라고 생각합니다. 그런데 그 사람의 가치가 그냥 수많은 회사원 중 하나와 다르지 않다면 회사원으로서도 인정받기 힘들죠. 이러한 차원에서 GE는 직원들에게 한 가지 이상의 전문성을 가지도록 했다고 합니다. 요리, 스포츠 등 말이죠. 다른 영역에서 얻은 그러한 영감이 실제로 회사 일에 적용되어 많은 혁신을 가져왔고요.

게다가 주목할 사실은 직업과 일의 패러다임이 바뀌어간다는 것! 지난 10여 년간 엄청난 변화가 있었어요. 인터넷, SNS, 클라

우드 서비스, 그리고 그 모든 것이 숨 쉬는 것처럼 당연해진 젊은 세대. 그런데 우리는 아직 9시에 출근해서 6시에 퇴근하죠. 집에 돌아와서는 힘든 하루를 되새기며 새로운 탈출구를 찾고…… 잠자리에 드는 시각이 평균적으로 밤 11시에서 12시 사이예요. 더 늦는 사람들도 많고요. 잠들기 전 한 시간만 투자하면 엄청난 일들을 할 수 있어요. 이젠 모두가 실시간으로 연결되어 있으니 그게 가능하다는 것을 증명하고 싶습니다.

지금 다니는 회사는 저에게 너무 많은 것을 주었습니다. 배움도 사람도…… 그래서 할 수만 있다면 최대한 같이 해보고 싶습니다. 그리고 두 가지를 병행하면서 힘들어도 서로 좋은 영향을 주는 것을 알았죠. 회사 일에는 새로운 아이디어와 영감을 주는 활력소가 되었고, 비영리단체에는 회사에서 배운 스킬을 쓸 수 있으니 이쯤 되면 아무리 바빠도 자신만의 프로젝트를 해볼 만하지 않나요?"

대부분의 사람들은 새로운 일에 도전할 때 미리 계획하고 준비한다. 이왕이면 완벽해질 때까지 준비하고 또 준비한다. 하지만 아무리 철두철미하게 준비한다고 해도, 미래에 벌어질 모든 일들을 대비하기란 불가능한 일. 직접 뛰어들기 전에는 알 수 없는 상황이 존재하는 법이다. 그래서 그는 먼저 생각하고, 가슴이 뛸 정도의 설렘이 생기면 확신을 가지고 진행했다.

길게 생각하기보다는 스스로 설레고 감동할 만큼만 이야기가 만들어지면 재빨리 행동으로 옮기는 실행력, 내일은 없고 오늘

지금 이 순간 실행하지 않으면 결코 다시는 기회가 없을 것이라는 믿음. 아마도 그것이 아이디어를 현실로 옮기는 데 중요한 역할을 했을 것이다.

완벽한 준비에는 '성공'에 대한 기대와 '실패'에 대한 두려움도 자리한다. 실패와 성공에 대한 부담감은 새로운 도전을 해보지 않은 사람일수록 더욱더 강하게 다가온다. 그것은 족쇄와도 같이 발을 묶어, 도전을 더욱 더디게 만든다. 하지만 성공과 실패는 따로 있는 것이 아니다. 실패하더라도 세상을 보는 눈과 지식은 더욱 쌓일 테니, 어찌 보면 성공이다. 결국 그러한 경험이 중요한

꿈을 향한 도전, 그것은 내 인생에 대한 예의다 이명한

일을 할 때 엄청난 자산이 될 것이다. 거센 변화의 소용돌이 속에 살면서 이대표가 얻은 교훈은 '가장 안전한 것은 변화하는 것이요, 가장 확실한 성공법은 도전하는 것이다!'라는 깨우침이다.

"저는 변화, 이왕이면 착한 변화를 꿈꾸고 있습니다. 미래의 변화를 가져오고 그것을 실행하는 과정에서 올바른 변화에 대한 답을 찾을 때 누가 가장 잘 알까요? 저는 그 미래를 살아갈 젊은 친구들이라고 믿습니다. 이렇게 서로 힘을 합쳐 답을 찾으면 탁상공론이 아닌, 그들이 결정하고 꿈꿨던 미래를 만들 수 있지 않을까요? 그 미래는 이미 착한 변화를 담고 있으리라 믿고 그렇게 되도록 힘을 쏟고 싶습니다. 저도 제 꿈을 꾸고 이루면서 말이죠.

안정적이고 편안한 현재에서 아직은 어렴풋한 꿈이 주는 의미는 에너지라고 생각합니다. 이 꿈은 우리를 불안하게 하고 걱정하게 하고 생각하게 만들지만, 그 불안함이 에너지라는 믿음에 포기하지 않는 긍정적인 마음이 더해져 폭발적인 에너지가 되지 않나 생각합니다."

나는 착하게 돈 번다

이명한 대표가 제안하는 아이디어를 현실로 만드는 방법

1단계. 설레는가?

하고 싶은 일, 가슴 뛰는 것을 꿈꾸고 그런 것에 관련된 아이디어에 주목하라. 주위의 말에 휘둘려 혹은 뭔가 급하게 얻고자 생각해낸 아이디어는 실행력을 가지기 힘들다. 반면 가슴 뛰는 것에 대한 아이디어는 매우 강력해서 실행력을 가지기 쉽다.

2단계. 잡았는가?

뭔가를 실행하는 것과 그렇게 하지 못하는 것은 아주 미묘한 차이라고 믿는다. 노하우라고 할 정도는 아니지만, 내겐 두 가지 습관이 있다. 하나는 최근에 더 강력해진 것인데, 내겐 'Flash memory'라는 이름의 메모장이 있다. 어떤 생각이든, 아무리 사소한 아이디어든 머리를 스치면 그 순간을 '캡처'해서 적는다(머리 좋은 분들은 다 기억하겠지만, 보통은 그냥 머리를 스쳐 영원으로 사라져버리니). 그렇게 적어놓다보면 사물을 보고 어떤 사람을 만날 때 계속 더 많은 아이디어가 떠오른다.

3단계. 옮겼는가?

마지막 단계는 기록한 아이디어 앞에 체크박스를 그린 뒤 눈에 잘 보이는 곳에 붙이고 하나씩 실행한다. 나는 이렇게 채워지는 체크박스가 나의 경험이고 지식이며 나의 그릇을 키우는 소중한 작업이라고 믿는다. 그러다보면 하나씩 행하게 되고, 그렇게 실행하다보면 그 힘이 더해져서 주위 사람도 늘어나고 그다음엔 더 큰 것을 할 수 있게 된다.

요약하자면, 설레는 것에 집중하고, 순간순간 메모하고, 이것을 바로 실행목록으로 전환하는 것!

이력서 몇 줄로
표현할 수 없는 열정

김데보라 혜정_더시안 대표

1. 이름

　김 데보라 혜정

2. 직업

　(주)더시안 대표

3. 죽기 전에 내 삶을 돌이켜본다면, 어떤 삶이었으면 하는가?

　분복대로 살아온 삶
　分福: 나누어 받은 축복, 나누어야 할 축복

4. 그것을 위해 나는 어떤 일을 하고 싶은가?

　본질을 끝까지 지켜내는 싸움의 현장이 곧 일터가 될 수 있게 한다

5. 그 여정에서 나에게 '돈'이란 무엇인가?

　새롭게 교육되어야 할 가치

6. 나를 일하게 하는 '힘'은?

　일을 할 수 없게 만드는 아이러니한 환경

7. 나에게 '착하다'라는 것은?

　모두가 동일하게 품고 있는 선의 기준

> 어떤 사람의 현재 모습을 있는 그대로 받아들이는 것은
> 그를 망치는 길이다. 그 사람의 가능성이 이미 발현되었다고 믿고
> 그를 대하면 정말로 그렇게 된다.
> _요한 볼프강 폰 괴테Johann Wolfgang Von Goethe

〈장면 1〉

이 회사의 모든 멤버들은 스스로를 '밤에 피는 장미'라고 이야기한다. 밤에만 일을 하기 때문이다. 출근도 하지 않는다. 모든 업무는 온라인상에서 해결하고, 꼭 필요한 미팅들은 하루 날 잡아 몰아서 처리한다. 우아하게 브런치를 즐기며 수다를 떠는 주부들인 줄 알았는데, 자세히 들어보면 온통 업무 이야기뿐이다. 덕분에 멤버들은 낮에는 엄마, 밤에는 프로페셔널한 직장인의 삶을 살아가는 이중생활(?)을 지속하고 있다. '살아 있는 생명체'라고 멤버들에게 소개되는 이곳에는 좀 특별한 사람들이 모여 있다. 육아와 일을 병행하는 엄마들, 기존 회사의 업무 틀에 맞지 않는 숨겨진 보물 같은 사람들이 그들이다.

〈장면 2〉

한 사람의 뒤에는 그 사람의 현재와 미래를 함께 만들어가는 가족들이 있다. 그것을 누구보다 잘 이해하는 이 회사의 대표는 멤버들의 시부모님이나 가족들을 직접 만나뵙고 소통하며 감사를 전한다. 엄마들이 많아, 가족까지 전부 모이면 아이들로 바글바글한 이 회사는 하우스콘서트를 열어 가족과 아이들이 모두 모여 공연을 즐기기도 한다.

프로젝트가 끝나면 회식 대신 단체 마사지를 받고, 서로 아이들의 물건을 교환하며 사용하는 것도 이 회사에서만 볼 수 있는 모습이다.

〈장면 3〉

첫번째 해외 사무소는 이집트에 문을 열었다. '해당 국가를 대상으로 이윤을 남기지 않는다'라는 조건이 붙어 있는 연락사무소다. 이 회사는 해외에서 교육과 출판에 관한 사업을 펼치며 '수익성 제로 사업'을 목적으로 한다. 이집트 사무소 대표의 말.

"개발도상국 어린이들과 여성들의 교육을 위해 출판을 하고자 해외로 삶의 지경을 옮기던 중 '더시안'을 만났습니다. 모호하기만 했던 사업 아이템을 믿어주고, 눈에 보이지 않는 아이디어와 비전을 현실화하는 동안 기다려줄 수 있는 기업은 더시안뿐이었습니다. 해외 정부가 인허가를 해주기까지 1년 반이라는 지난한 시간이 걸렸는데, 이 모든 시간을 한마음으

로 품어주었습니다. 더시안이라는 인생의 선물을 받은 것 같
아요. 저희도 이집트에서 선물이 되는 '첫번째 사람들의 플랫
폼'이 되겠습니다."

도대체 뭐 하는 회사지?

처음 회사의 개요 및 업무방식에 대해 들었을 때는 좀처럼 감
이 오지 않았다. 세 번의 미팅이 끝나고서야 비로소 '아!' 하고 감
이 왔다. 물음표가 느낌표로 변하는 순간, 전율이 느껴졌다. 이
회사야말로 앞으로 반드시 필요한 회사의 모습이었다.

한국에서의 경력이 전혀 없는 교포들과 출산을 앞두고 육아를 담당해야 할 예비 엄마들, 일에 대한 열정과 포부만은 남부럽지 않지만 번번이 현실의 벽 앞에서 좌절을 맛봐야 했던 이들에게 '꿈의 터전'을 제공한 곳이 바로 이 회사, 더시안이다.

"우리는 '밤에 피는 장미'입니다!"

회사에 다닌다. 일을 한다.

어떤 모습이 가장 먼저 떠오르는가? 당신이 생각하는 이미지 그대로다. 일하는 사람들과 그들이 일하는 공간이 있다. 그리고 그들은 그들이 모인 목적, 즉 어떻게 돈을 벌 것인가를 고민하고 실행한다. 일하는 패턴 역시 비슷하다. 아침 9시에 출근해 저녁 6시에 퇴근. 야근이 없으면 다행이다.

여자들은 결혼하고도 즐겁게 일할 수 있는 회사, 축복 속에 임신 사실을 알리고 출산 후에도 마음놓고 육아와 일을 병행할 수 있는 회사를 원하지만, 현실은 '딴 나라에서나 가능한 이야기'일 뿐이다.

그런데 정말 딴 나라 이야기일까? 가만히 생각해보면 지금 우리가 같은 시간, 같은 공간에 모여 앉아 처리하는 일들은 다른 시간, 다른 공간에서도 얼마든지 가능하다. 자신의 업무야 당연히 혼자서 진행하면 되는 것이고, 논의나 회의, 보고가 필요하다면 전화나 이메일, 메신저를 활용하면 되지 않을까. 하지만 아무

이력서 몇 줄로 표현할 수 없는 열정   김데보라 혜정

도 시도하지 않는다. 왜? 회사에 없으면 제대로 일하지 않을까 봐, 모두가 그렇게 해왔고 지금도 그렇게 하고 있으니까…… 기타 등등.

여기, 이런 판을 뒤엎어보려는 사람들이 보인다. 그동안 살아남기 위해 모든 정렬을 쏟았다면, 이제는 삶의 목적을 찾기 위해 일하려는 이들이 하나둘 모여 자신들의 이상을 현실로 만들어가고 있다. 기업, 플랫폼이라는 틀 안에서 새로운 시도를 하고 있는 것이다. 이제까지 배워온 것으로, 그리고 삶에서 터득한 내공으로 실제적인 기여를 해보자! 그들의 도전은 시작됐다.

더시안의 김데보라 대표와 인터뷰 약속을 잡을 때, 그녀는 오전 10시부터 오후 3시로 시간을 제한했다. 두 아이의 엄마이기에 아이들의 하원시간을 맞춰야 한다는 이유였다. 이메일을 주고받는 동안에도 그녀의 메일은 늘 새벽에 도착했다. 그녀는 아이들이 학교에 가 있는 동안과 아이들이 잠든 후에 일을 하고 있었다.

김대표뿐이 아니다. 더시안의 모든 맴버들은 스스로를 '밤에 피는 장미'라고 표현한다. 아이들이 잠든 밤이 되어야 온라인으로 회의를 시작하고, 본격적인 업무를 가동하기 때문이다. 보통 회사에서는 상상도 할 수 없는 일이다. 각자의 라이프스타일에 맞춰 업무시간을 조정할 수 있다니. 더시안은 기존 회사의 업무 형태 때문에 '시작도 못하고 주저하는 사람들'에게 새로운 비즈니스 모델을 제시하고 있다.

'하고 싶은' 사람들을 '할 수 있게' 만들어주는 것이 존재 이유인 회사

더시안은 미디어, 출판, 강연, 콘퍼런스, 학교 커리큘럼, 사내교육, 캠프 등 교육 콘텐츠를 기획·개발하는 프로젝트 기반의 플랫폼이다. 포스텍 IT융합대학원 프로그램 설계, EBS 교육다큐 프로그램 기획 등 이름만 들어도 쟁쟁한 프로젝트들이 더시안의 작품이다. 문어발처럼 새로운 콘텐츠가 필요한 다양한 곳들과 일하다보니 그동안 단 한 번도 같은 프로젝트를 해본 적이 없다. 개발된 몇 가지 아이템으로 계속 매출과 이윤을 남기는 기업의 기본적인 틀과 전혀 다른 방식이다.

특히 전 세계를 돌아다니며 청소년들을 대상으로 공연예술 캠프를 열고 있는 미국 록그룹 '영 아메리칸스Young Americans'의 한국 최초 투어를 추진, 기획·진행한 것으로 유명하다. 영 아메리칸스는 지금까지 전 세계 500개 도시를 다니며 30만 명의 10대들을 만났는데, 2012년 6월 그 감동의 신화에 한국이 동참하게 됐다. 학업의 스트레스에 찌들어 무력해진 대한민국의 학생들에게 무한 에너지와 열정, 협업의 아름다움과 성취감을 짧은 시간 안에 발견케 한 새로운 형태의 캠프였다.

더시안이 이런 프로젝트들을 추진할 수 있는 배경에는 '빨리빨리'로 대변되는 한국의 급격한 변화속도가 자리하고 있다. 예를 들어 '코칭' 학습법이 인기를 끌면 라이프 코칭, 스피치 코칭, 커뮤니케이션 코칭 등 모든 분야의 뒤에 코칭이 따라붙어 유행하

이력서 몇 줄로 표현할 수 없는 열정   김데보라 혜정

다가, 얼마 지나지 않아 흔적도 없이 사라지고 만다. 이렇게 한국은 그 어느 나라보다 새로운 콘텐츠에 대한 수요가 끊이지 않는다. 유망사업이다보니 이들 외에도 교육과 미디어 콘텐츠를 제작하고 진행하는 회사는 많다. 하지만 더시안처럼 리서치와 개발만 할 수 있는 인력과 전문성을 갖춘 회사는 드물다. 제대로 된 콘텐츠를 공들여 연구하고 새롭게 개발하는 것이 시급한 시장의 니즈에 맞춰 R&D 전문 플랫폼을 추구한 전략이 주효했다. 하지만 이것만으로 더시안이 하는 일을 전부 설명할 수는 없다. 더시안의 존재 목적은 따로 있다.

기업은 기본적으로 사람들이 필요로 하는 아이템과 그 아이템을 구매해줄 소비자, 그리고 그것에 투자할 능력과 자본이 있어야 일을 시작한다. 한마디로 기업은 태생부터 '이윤'을 목적으로 한다. 하지만 더시안은 출발점부터 전혀 달랐다. 이 회사는 '일자리가 필요한 사람들에게 기회를 주는 것'을 목적으로 만들어졌다. 특히 육아로 날개가 꺾여버린 엄마들에게 다시 날개를 펼칠 기회를 마련해주고 싶었다. '하고 싶은' 사람들을 '할 수 있게' 만들어주는 것, 그것만으로도 회사의 존재 이유는 충분했다.

어릴 적에 한국을 떠나 호주에서 자라며 사회복지학을 전공한 김데보라 대표가 결혼 후 찾은 한국은 생각과 너무나 달랐다. 사회적인 문제 해결에 관심이 많았던 그녀의 눈에, 특히 입시경쟁으로 힘들어하는 아이들과 자녀교육에만 매달리는 엄마들이 들어왔다. 아이들은 왜 이렇게 아파하고, 엄마들은 왜 날개 꺾인

새처럼 허덕이고 있을까?

　한국 사회에서 엄마로 살아가는 일은 결코 쉽지 않다. 그 누구보다 열정적으로 일하던 여성이라도 결혼하고 아이를 낳으면, 마치 정해진 수순처럼 고민에 빠진다. 계속 회사를 다녀야 할까, 집에서 아이를 키우는 데 전념해야 할까. 결정을 내린다고 해도 고민은 끝나지 않는다. 특히 직장생활과 육아를 병행하는 경우엔 '내가 직장에 다녀서 아이에게 소홀한 건 아닐까' '엄마가 집에 없어서 아이가 불안해하면 어쩌지'와 같은 걱정에 휩싸이기 마련이다. 간혹 아이가 울면서 출근하는 엄마의 옷자락을 잡으면, 엄마의 마음은 무너진다. 그리고 갈등한다. '회사를 그만둬야 하나……'

　이런 현실을 목도한 김대표는 아직 능력과 열정이 충만한 엄마들, 결혼과 출산을 거치며 자의 반 타의 반으로 사회에서 단절된 엄마들에게 다시 날개를 달아주고 싶었다. 한국의 다음 세대를 위해, 내 아이들이 살아갈 세상을 위해 엄마로서 할 수 있는 일은 자신과 같은 엄마들에게 꿈꿀 수 있는 권리를 안겨주는 것이라는 생각을 굳혔다.

　그리고 날개가 필요했던 또다른 사람들. 더시안에는 엄마들 외에도 하나의 그룹이 더 있다. 한국이라는 뿌리를 찾아, 부모님 나라에서 꿈을 펼치기 위해 고국을 찾았지만 막상 어디서부터 시작해야 할지 몰라 난감해하는 리터니returnee들이다. 리터니는 외국에서 자라거나 공부하고 한국으로 돌아온 1.5세들이나 2세들을 의미하는데, '제3의 문화를 가진 아이a third culture kid'라고 불리기도 한다. 다양한 문화권에서 자란 이들이 한국의 전반적인 사회 분위기와 조직문화에 적응하기란 쉽지 않은 일. 실제로 많은 리터니들이 구직을 위해 한국을 찾았다가 취업에 실패하고 다시 돌아간 경우가 허다하다. 이들을 위한 컨설팅 프로그램과 학원이 있지만, 정작 중요한 건 이들 스스로가 새로운 가치를 창출하며 플랫폼을 만들어갈 수 있도록 격려하는 일이었다. 그 역할을 자청한 것이 바로 더시안이다. 더시안에서의 경험은 이들에게 다른 일로 나아가는 징검다리가 되기도 하고, 더시안 같은 모델의 창업에 도전의식을 심어주기도 한다.

엄마와 리터니를 위한 회사를 만들겠다고 결심한 후, 김대표는 무작정 그들을 모으기 시작했다. 무엇을 해야 할지 아무것도 결정되지 않은 상태였지만, 만나서 이야기하다보면 뭔가 '거리'를 찾을 수 있지 않을까 막연하게 생각했다. 그래서 창업을 위해 그녀가 가장 먼저 한 일은 파주의 작은 갤러리로 그들을 불러내는 것이었다.

그들은 1년 내내 마치 교회의 구역예배처럼 정기적으로 모여서 힐링을 하는 데 시간과 에너지를 투자했다. 스스로에 대한 자신감과 한국 사회에 대한 이해가 부족한 이들이 할 수 있는 것은, 서로에 대한 깊은 신뢰를 쌓는 동시에 우리 사회의 문제들을 놓고 무엇을 할 수 있을까에 대한 끝없는 토론이었다.

일의 목적, 일하는 곳을 선택하는 이유, 나만이 가지고 있는 재능·가치에 따른 소명의 정의…… 더시안 멤버들에게서는 이력서 몇 줄에 불과한 스펙과는 차원이 다른 내공을 발견할 수 있다. 일반기업들이 다 큰 나무 같은 인재들만 택해 열매를 만들어낼 때 더시안은 씨를 뿌리고 기다리며 모종을 키워낸다. 누군가는 그렇게 해야 되지 않을까 하는 생각에서다.

하늘 아래 새로운 것은 없다. 다만 새로운 융합이 있을 뿐이다. 우리에게 창조할 능력은 없다. 재창조할 뿐이다. 모두가 다른 배경과 이력을 가지기 때문에 회사 안에서부터 완벽한 융합이 되어야만 하는 회사, 더시안. 엄마 그룹이 가지고 있는 공감능력과 하루에 투자할 수 있는 시간이 제한된 상황이 오히려 집중력을 높일 수 있다고 판단했다. 그리고 다문화권에서 온 학생들의 해외 인력 네트워크를 큰 자산으로 여겼다. 그렇게 글로벌 시장에서의 조사를 기반으로 세상의 선한 영향력을 위해 엄마와 같은 마음으로 자료를 조사하고, 그 데이터를 기반으로 콘텐츠를 기획하는 '소외된 능력자들을 위한 작은 무대'를 만들어낸 것이다.

내 시 간 에 맞 춰,
내 계 획 대 로 일 한 다

더시안의 직원들은 회사에 출근하지 않는다. 각자 자신의 라이프스타일, 타임 스케줄에 맞춰서 일한다. 프로젝트 기반인 더시안은 동시에 많은 프로젝트가 진행될 때는 수십 명이 훌쩍 넘는 인원이, 그리고 규모가 작은 프로젝트를 추진할 때는 서너 명이 팀을 이뤄 움직인다. 말랑말랑한 조직문화에서 굵직한 성과들을 낼 수 있는 이유는 서로를 알아가며 신뢰를 쌓은 1년의 준비과정이 있었기 때문이다.

더시안의 프로젝트는 일반적으로 이렇게 진행된다. 콘텐츠 기획에 대한 의뢰가 들어오면 회사 커뮤니티에 공지가 뜬다. 직원들은 1차 자료와 아이디어, 의견을 온라인을 통해 공유한다. 그리고 그 일에 대한 기획안을 작성하고 미팅을 한 다음, 진행될 일들이 확정되면 매니저와 팀원이 결정되고 본격적인 팀 프로젝트가 시작된다. 이후에도 계속 온라인으로 회의하면서 업무를 분담하고 각자 스케줄에 맞춰 일을 진행한다. 외부 미팅을 최소화하기 위해 팀별 오프라인 미팅이 있을 때 여러 가지 회의를 함께 진행하며 '번갯불에 콩 구워 먹는' 집중력을 발휘한다.

아직은 많은 이들에게 생소한 방식이어서 여전히 시행착오를 겪고 있지만, 호흡을 맞춰가는 파트너들이 많아지면서 오히려 부러움의 대상이 되고 있다.

더불어 이제는 더시안을 디딤돌 삼아 '점프'한 이들도 탄생하고 있다. 사실 이 회사가 말하는 점프는 다른 곳의 기준과 조금 다를 수 있다. 더 높은 연봉을 받거나 더 유명한 기업으로 옮기는 것이 아니다. 이들은 각자의 '인생 목적'을 찾아가는 것, 자기에게 맞는 옷을 찾아 입는 것을 점프라고 표현한다. 더시안의 프로젝트들을 통해 자신이 누구인지, 관심사와 강점을 확인하며 본인을 정확히 알게 된 사람들은 '인생의 점프'를 통해 새로운 삶을 개척하고 있다.

사회복지를 전공하고, 어린 나이에 전 세계 어려운 국가들만 골라서 직접 발로 뛰어본 경험을 갖고 있는 김데보라 대표. 그래서인지 그녀가 생각하는 기업의 목적과 방식은 요즘 관심을 받고 있는 사회적 기업에 가깝다. 하지만 더시안은 모든 기업이 존재하는 의미 자체가 '사회적인 기여'에서 출발한다고 생각하고, 본질을 지켜내려는 대표의 굳은 결심으로 별다른 태그 없이 일반 기업으로 존재한다. 그녀는 유독 '품는다'라는 표현을 많이 썼다. 그동안 만나본 대표들과는 또다른 표현방식이었다. 비즈니스에 대한 배경지식이 전혀 없던 그녀가 한 기업의 대표가 되기까지, 에피소드가 많았다. 그중 한 예로 호주에서 공부하며 학과목으로 경험했던 9학년 때의 사회봉사와 10학년 때의 현장실습을 들 수 있다. 2주 동안 학교를 가는 대신 일할 곳을 스스로 찾아 현장을 경험하고 실제로 일을 해보는 시간이었다.

"안녕하세요? 10학년 김데보라입니다. 제가 할 수 있는 일은…… 어…… 어……"

"학생, 미안한데 우리는 지금 학생이 일할 자리가 없어요. 다른 데 전화해보세요."

"안녕하세요? 저…… 제가……"

"미안해요. 지금 바빠서."

월요일에 전화를 시작해 어느덧 금요일이 되었다. 그때까지 아무 곳에서도 받아주지 않았지만, 이제 거절받는 것도 자신을 소개하는 일도 익숙해졌다.

"안녕하세요? 김데보라입니다. 오늘 날씨가 참 좋네요. 저는 복지에 관심이 많습니다. 그동안 학교 외 활동을 하면서 그 방면에 소질과 관심이 있다고 느꼈어요. 귀사에 도움이 될 만한 아이디어가 있을 것 같습니다."

당시 그녀는 열여섯 살, 자신이 무엇을 할 수 있는지조차 짐작하기 어려운 나이였지만, 두꺼운 전화번호부를 펼치고 기업들에 전화를 걸면서 자신을 써달라고 부탁했다. 워낙 오래된 학교 프로그램이기에 대부분의 회사들이 제도에 대해선 인지하고 있었지만, 김데보라라는 학생은 금시초문일 터. 전화를 걸어 자신을 소개하고, 어떤 일을 할 수 있는지 상세히 설명해야 했다. 학생들에게는 맨땅에 헤딩하는 첫 경험인 셈이었다.

그녀에게 큰 영향을 주었던 것은 수백 군데 넘게 전화를 돌린 그 일주일이었다. 월요일에 전화해서 자신을 소개하던 방식과 내용이 금요일에는 완전히 달라졌다. 수백 번의 전화를 통해 자신에 대해 이야기하다보니, 내가 잘하는 게 무엇인지, 하고 싶은 게 무엇인지 자연스레 깨달은 것이다. 그래서 그녀는 도전의 의미가 무엇인지, 어릴수록 그런 기회가 얼마나 소중한지 절실히 알고 있었다.

세계 최초의 사회적 기업가이자 사회적 기업가란 용어를 창안한 빌 드레이턴Bill Drayton은 10대 초반에 용돈을 모아 학생기자단을 만든 뒤 신문을 제작했다. 그는 광고를 따고 배급도 하면서 남다른 아이디어를 현실화시킨 경험이 지금의 자신을 만들었다고 고백한다. 도전하고 부딪치고 주저앉고 다시 일어선 경험은, 어떤 제약에도 나아갈 수 있는 힘을 키워준다. 그래서 그는 변화가 필요한 이들에게 성취 경험을 주고자 디딤돌이 되는 기업을 만든 것이다. 그가 설립한 비영리재단 아쇼카재단Ashoka foundation은 1980년부터 전 세계 70개국에서 3000여 명의 사회적 기업가를 길러냈다.

가치란 무엇일까? 『100달러로 세상에 뛰어들어라The $100 Startup』의 저자 크리스 길아보Chris Guillebeau에 따르면, 가치란 사람이 어떤 유용한 것을 만들어 세상과 공유할 때 발생하는 그 무엇이다. 즉 누군가가 좋은 일자리를 만들었다는 것은 다시 말해 새로운 가치를 창조했다는 뜻이다. 같은 고민을 안고 살아가는 이들을 외면하지 않고, 그들에게 길을 열어주고자 노력한 김데보라 대표. 더시안은 그래서 한국 학생들을 위한 소셜 인턴십인 '10대 아웃턴십'이라는 프로그램을 개발해, 인생의 후배들에게 동일한 기회를 만들어주는 일을 시작했다. 상대의 '현재'보다 '미래'에 집중해 투자한 그녀는, 더시안이 존재하는 것만으로도 사람들에게 힘이 됐으면 좋겠다고 한다.

"이렇게 해도 돈 벌 수 있습니다"

그런데 이쯤 되면 두 가지 현실적인 질문이 떠오른다. 먹고사는 문제가 해결되는지, 그리고 같은 일을 하는 여느 기업들보다 성과가 뒤처지지는 않는지⋯⋯

　직설화법 질문 하나. 이걸로 먹고살 수 있는지? 프로젝트 중심으로 일하는 회사는 매출의 업 앤 다운이 심한 편이다. 더군다나 R&D와 기획에 대한 예산을 따로 책정하지 않는 게 보편적인 한국의 상황에서는 더욱 그렇다. 일이 시작되고 업무를 분담할 때 각각의 멤버들이 처한 상황을 가장 먼저 고려한다는 더시안. 엄마들은 언제나 아이들 때문에 변수가 있기 마련이고 다른 멤버들도 사정은 마찬가지다. 내가 일한 만큼 보수를 받아가기 때문에 상대적으로 노력에 대한 보상에 솔직하고 남편도 함께 일하는 엄마 그룹은 그렇지 않은 다른 멤버들에 대한 금전적인 배려가 크다. '일=돈'이라는 공식보다 더 큰 의미에 모두가 동의하는 것이다. 게다가 일하는 시간과 삶의 균형을 놓고 계산한다면 절대 손해보는 장사가 아니다.

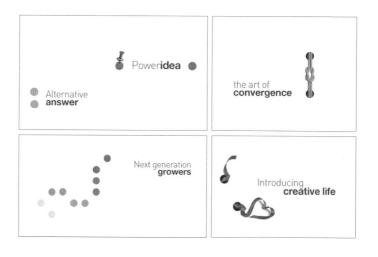

직설화법 질문 둘. 같은 일을 하는 회사라면 그 일에만 집중할 수 있는 회사, 예를 들어 싱글 여성이나 남성이 일해 의도하지 않은 돌발변수가 발생할 빈도가 상대적으로 적은 회사가 더 좋은 성과를 내지 않을까? 이에 그녀는 숫자로 답한다. 잡코리아가 직장인 309명을 대상으로 조사한 결과, 직장인들이 일에 대한 집중이 유지되는 시간은 평균 두 시간 정도라고 한다. 출근해서 회의하고 정리하다보면 점심시간, 점심 먹고 졸음을 쫓다보면 2시가 넘어간다. 그렇게 생각하면 시간의 효율성을 배로 생각하는 엄마들과 평범한 직장인들이 집중하는 데는 별로 차이가 없다는 이야기다.

엄마들의 육아과정에서 얻는 장점들은 인내심, 멀티태스킹multitasking, 집중력 등이 있지만 이것을 이력서에 표현하기는 어렵다. 이런 능력들은 절대로 사회에서 말하는 스펙이 될 수 없기 때문이다. 서류상에 하나의 단어로 설명하기엔 아주 모호하고 추상적이니 말이다. 더시안은 이런 팀원들의 내공을 직접적인 결과로 만들 수 있게 도와야 한다고 생각한다. 그래서 일반화할 수 없는 재능과 가치를 사회가 인정하고 보상해줄 수 있어야 한다는 것이다.

모두에게 똑같은 사회적 기회가 주어질 수는 없다. 하지만 모두에게 기회가 주어져야 하는 것은 엄연한 사실이다. 제각각 다른 삶의 목적과 방식을 가지고 사는 사람들을 공장에서처럼 똑같은 사회인으로 찍어낼 수는 없다. 어쩌면 부족함으로 비칠 수도 있는 '다름'을 인정하고 자축하며 품는 기업. 더시안은 존재 자체로 선한 영향력과 삶을 바꾸는 메시지가 되고 싶어한다. 그리고 그 목표가 변질되지 않도록 지켜내는 것이 김대표의 가장 중요한 업무다.

김데보라 혜정 대표가 말하는 '첫번째' 사람이 되는 방법

자신이 새로운 기회의 시작을 만드는, 사회에 첫번째를 시도하는 사람이 되어보아라.

나에겐 해당되지 않는 이야기라고?

나는 할 수 없는 일이라고?

그렇다면 지금 당신을 제약하고 있는 환경들을 모두 적어보자.

그리고 오른편에 그 제약조건이 도리어 강점이 될 수 있는 이유들을 모두 적어보자.

아마 그것이 당신에게 답을 줄 것이다.

새로운 플랫폼에 도전하는 회사들

최근 우리가 생각했던 것보다 꽤 다양한 모습의 회사들, 플랫폼들이 생겨나고 있다. 작가 마르시 알보허Marci Alboher는 '슬래시 효과'라는 말을 유행시켰다. 변호사로 활동하면서 작가, 강연자, 코치로도 활동하고 있는 그녀는 회사의 형태가 바뀔 수 있다고 강조한다. 현재 어떤 로펌은 자신의 계획에 따라 프로젝트를 맡아서 일하고, 1년에 두세 달은 여행을 하거나 자신이 하고 싶은 일을 자유롭게 하는 방식으로 운영된다고 한다. 살면서 꼭 한 가지 일만 선택하지 않아도 되고 회사의 형태가 기존의 생각처럼 딱딱하게 굳어 있지 않아도 된다는 것을 보여주는 예이다.

우리나라에서도 다양한 시도들이 이루어지고 있다. 『창조력 주식회사』의 송인혁 작가와 정지훈 교수, 최형욱 대표 등 다양한 전문가들이 모여 콘텐츠와 교육 프로그램을 개발하고, 새로운 사회문화를 만들어내기 위해 설립한 휴먼 플랫폼 '퓨처디자이너스'가 한 예다. 퓨처디자이너스는 각자 자신의 역량을 독립적으로 최대한 펼치되, 협력해야 할 때는 자신이 가지고 있는 강점을 더해 사회적 가치를 확산시키는 플랫폼이다. 밖에서 볼 때는 하나의 회사지만 그 안에서 유연하게 움직이는 것이다.

왜 세상을
바꿀 수 없다고 생각하지?

김형수_트리플래닛 대표

1. 이름

   김 형 수

2. 직업

   드림플래닝 CEO

3. 죽기 전에 내 삶을 돌이켜본다면, 어떤 삶이었으면 하는가?

   스스로 후회없고, 누군가를 행복하게 했던 삶

4. 그것을 위해 나는 어떤 일을 하고 싶은가?

   나무를 심고, 세상을 변화시키는 일.

5. 그 여정에서 나에게 '돈'이란 무엇인가?

   가치를 추구할 때 따라오는 것.

6. 나를 일하게 하는 '힘'은?

   용기와 신념

7. 나에게 '착하다'라는 것은?

   희생이 아닌 내어주는 것.

'Why not change the world?'

경상북도 포항시에 작지만 강한 대학이 있다. 바로 한동대학교다. 건물 외벽에, 강의실에, 심지어 자판기 종이컵에서도 발견할 수 있는 'Why not change the world?'라는 문구. 이 학교 학생들은 4년 내내 이 말을 외치고 있다. 그런데 졸업 후에도 이 말이 가능할까?

입학 때부터 외치던 이 말이 그냥 구호로만 느껴지기도 하고, '이 거대한 세상에서 과연 내가 무엇을 할 수 있을까?'라는 생각이 대부분의 학생들을 당혹감에 빠뜨릴지도 모른다. 그런데 이 말이 가능하겠다, 할 수 있겠다고 느끼는 이가 있다. 2020년까지 1억 그루의 나무를 심는 것이 목표인 트리플래닛 김형수 대표가 그 주인공이다.

트리플래닛은 모바일게임 회사다. 이 회사에서 만든 게임은 간단하다. 사용자들이 스마트폰 애플리케이션인 '트리-플래닛'을 다운받아 아기 나무에게 이름을 지어주고 열심히 물과 비료를 주면서 나무를 키운다. 일정 레벨이 넘은 나무는 '그동안 키워주셔서 고맙습니다. 저는 이제 아프리카로 가서 진짜 나무가 됩니다'라고 인사하며 실제로 식재되기 위해 떠난다. 게임 화면에는 물을 주는 양동이, 비료 등에 기업들의 로고가 삽입되어 있는데 이 스폰서 기업들의 광고비를 각국의 비정부기구(NGO)에 기부해 실제 나무를 심는다. 가끔 나무가 편지와 사진을 보내 이용자의 안부를 묻기도 하며 이용자는 사진 및 영상을 통해 사막 한복판에 심어진 나무들이 숲으로 만들어지는 모습을 확인할 수 있다. 게임을 재밌게 즐기는 65만 명의 이용자들 덕분에, 현재 남수단 톤즈, 몽골, 인도네시아, 한국 등지에 3년 만에 47만 그루를 심어, 24개의 숲을 조성했다.

행 동 이   생 각 을   바 꾼 다,
그 게   더   쉽 다

환경이라는 진부할 수 있는 주제에 게임이라는 아이디어를 접목해, 환경운동에 유쾌한 시동을 건 발상은 어디서 시작됐을까?

김형수 대표는 다큐멘터리 감독이 되고 싶었다. 특히 환경문제를 전문적으로 다루는 감독을 꿈꿨다. 오존층 파괴, 지구온난화 문제를 해결하고 싶다는 포부에, 가장 먼저 할 수 있는 일이 심각성을 알리는 다큐멘터리 제작이었다. 고등학교 2학년 때 만든 다큐멘터리는 장관상을 받았고, 그 시상식장에서 만난 대기업 CEO는 앞으로 30년 후가 되면 환경 전문가가 세상을 변화시킬 것이라고 말했다. 그 이야기에 감화돼 계속 환경 관련 다큐멘터리를 제작했지만 갈증은 해소되지 않았다. 그는 목말랐다.

다큐 사상 최고 시청률을 기록했던 〈아마존의 눈물〉. 아마존은 전 세계에서 만들어지는 산소의 5분의 1을 책임지는 '지구의 허파'이며, 전 세계 생물의 절반이나 되는 생물에게 보금자리를 제공하는 '지구의 자궁'이다. 하지만 불타는 밀림, 뜨거워지는 지구가 현재의 모습이다. 브라질이 쇠고기와 대두 생산량 세계 2위, 수출량 1위라는 명성을 얻어가는 동안, 아마존은 연간 30억 톤의 이산화탄소를 내뿜으며 '탄소공장'으로 전락해가고 있다. 동물들이 살 자리를 잃고, 부족민들 역시 목숨을 잃고 있다. 그 충격적인 현실에 대중은 뜨겁게 반응해, TV 시청률은 20퍼센트가 넘었고 5만 명 넘는 사람들이 극장판 〈아마존의 눈물〉을 봤다. 다큐 한 편이 많은 이들의 생각을 바꿔놓았다. 그러나 김대표는 생각의 변화만으로는 충분치 않다고 판단했다.

생각이 변하면 우리의 행동도 변할까? 아니면 행동이 우리의 생각을 더 빠르게 변화시킬 수 있을까? 리처드 와이즈먼Richard Wiseman 교수의 책 『립잇업Rip It Up』을 보면 재미있는 사례가 등장한다. 예를 들어 한 사람이 어느 날 저녁 좋은 시간을 보내고 싶다는 생각에 영화나 연극 중 하나를 선택하기로 했다. 그는 자신

왜 세상을 바꿀 수 없다고 생각하지? 김형수

이 연극보다는 영화를 더 좋아한다고 생각하고 발길을 영화관으로 옮긴다. 이 사례에서는 생각이 행동으로 이어졌다. 그러나 일반적인 상식을 뒤집어 행동이 믿음을 만든다고 가정해보자. 이를테면 어느 날 저녁 좋은 시간을 보내고 싶은 마음에 연극을 보러 간다. 그리고 연극을 보러 가는 자신의 모습을 보고 무의식적으로 생각한다. '지금 나는 연극을 보러 가고 있군. 그렇다면 영화보다 연극을 더 좋아하는 게 틀림없어.' 이러한 생각은 연극에 대한 긍정적인 느낌으로 이어진다는 것이 와이즈먼 교수의 주장이다. 김대표 역시 다음과 같은 공식을 떠올렸다.

지구를 지키자!(생각) → 나무를 심어야지!(행동)
나무를 심자!(행동) → 나는 지구를 지키는 사람이야!(생각)

트리플래닛의 밑그림은 이렇게 완성됐다. '행동 먼저, 생각 나중'이라는 아주 단순한 공식을 통해.

군 대 에 서 쓴 라 면 박 스
몇 개 분 량 의 사 업 계 획 서

김대표는 환경보호를 운동이 아닌 비즈니스로 풀어내고 싶었다. 비즈니스는 결국 사람을 움직이는 것이다. 통합적 사고를 필요로 하는 비즈니스는 서비스를 개발해 그것을 사용하는 사람들을 움직이게 하고, 행동을 통해 생각을 변화시킬 수 있으며, 세상에 진짜로 필요한 방점을 찍을 수도 있다.

비즈니스에 대한 갈망은 군복무를 하면서 더욱 커졌다. 아무래도 삶에 대해 생각하고 고민할 시간이 많은 시기였다. 굉장히 오랫동안 막연하게만 생각하다가 어느 순간 머릿속을 스친 아이디어! 쾅, 아이디어가 쾅! 하고 터진 그 순간! 실제로 정말 불현듯 아이디어가 번뜩 떠올랐다. 그 아이디어가 나온 뒤 일주일은 심장이 두근거리고, 일을 추진하고자 하는 열정에 불타올랐다. 아이디어가 생겨난 계기가 분명 있었다. 그는 그전부터 환경문제에 대해 계속 고민하고 끊임없이 질문을 던졌다.

왜 세상을 바꿀 수 없다고 생각하지? 김형수

'사람들은 어떨 때 움직일까?'

사람들을 지속적으로 움직이게 하려면 '펀^{fun}'한 요소가 필요하다. 나무를 심어야 환경을 보호할 수 있고 지구를 살릴 수 있다는 '뻔한' 이야기를 어떻게 하면 '펀하게' 전할 수 있을까? 어린이든 어른이든 즐겁게 나무를 심는 모습을 상상하면서 부대 안에서 텃밭도 가꾸어보고 나무씨앗도 심어봤다. 어떤 나무는 세 달 동안 꼬박 물을 주어야 조그마한 싹이 난다는 사실도, 씨앗을 심는다고 모든 나무가 다 자라는 것은 아니라는 사실도 알게 됐다. 나무를 심는 일이 생각보다 훨씬 번거롭고 힘들다는 사실을 깨닫자, 더욱 '펀'이 절실해졌다.

되도록 많은 사람들을 오래 동참시키려면 철저한 상품성이 필요하다. 착한 초콜릿, 착한 커피처럼 좋은 일, 착한 일의 소비는 한 번은 이루어질 수 있다. 하지만 그것을 두세 번 이어지게 하려면 맛있어야 하는 건 당연지사다. 이렇게 그는 즐거움, 상품성, 이를 통한 지속성에 관심을 가졌다. '요즘 젊은이들은 무엇을 가장 많이 할까?' 답은 쉽게 나왔다. 지하철에서도 버스에서도 심지어 걸어가면서도 쳐다보는 스마트폰에 주목했다. 20~30대 남성의 전유물로만 여겨졌던 게임이 스마트폰 바람을 타고 중장년층 여성까지 섭렵하며, 연령 경계가 없는 놀이문화로 자리잡고 있는 상황도 눈여겨봤다.

'그래! 게임이야. 게임을 열심히 즐기기만 하면, 진짜로 나무가 심어지는 거야!'

아이디어가 떠오른 순간, 김대표는 빨리 실현시키고 싶어서

3일이나 잠을 이루지 못했다. 하지만 군복무중이었기 때문에 그가 할 수 있는 일이라곤 오로지 펜과 종이로 사업계획서를 작성하는 일뿐이었다. 제대하기까지 남은 기간은 7개월. 잠을 자려고 눕기만 하면 구체적인 아이디어가 생각나 머릿속이 복잡해서 미칠 노릇이었다. 그는 이불을 뒤집어쓰고 눈물겨운 사업계획서를 완성했다. 휴가 때는 부산의 집 근처에 숙소를 잡아놓고 면접을 봤다. 어떤 사람들이 나와 생각이 통할까? 각 대학에 공지를 올리고, 개발자를 소개받고…… 휴가를 이용해 직원을 뽑기 시작한 것이다. 결국 그는 라면 박스 몇 개 분량의 사업계획서 초안을 들고 제대했다.

그러다보면
어느새 당신이 세상을 바꾸고 있을 것이다

김대표가 제일 좋아하는 단어가 있다. 바로 앙트러프러너십 entrepreneurship이다. 우리나라에서는 기업가정신으로 이야기된다. entre는 프랑스어로 사이, 빈 공간을 뜻하는 말이다. 그 공간에 방점을 찍는다는 것은 남들이 하지 않는 일을 한다는 의미로도 표현될 수 있다. 새롭게 뭔가 만드는 것 자체가 혁신이고, 남들이 하지 않는 일이 바로 전략인 것이다. 그가 남들이 하지 않는 새로운 일에 도전한 이유, 세상을 변화시켜야겠다는 생각을 하게 된 결정적인 계기가 궁금했다.

왜 세상을 바꿀 수 없다고 생각하지? 김형수

"꽤 오래전에 선생님께서 저를 '형수야' 하고 부르시는 거예요. 그래서 '네?' 하고 대답했더니 다시 '형수야' 하고 부르시는 거예요. 제가 다시 '네', 그리고 다시 '형수야'…… 그러시더니 '네가 진짜 형수 맞느냐?'라고 하셨어요.

그 질문이 무슨 뜻인가 한참 생각했죠. 그러면서 제가 지나온 시간들을 쭉 살펴봤더니, 제가 어렸을 때 들었던 말들, 뉴스에서 봤던 장면들이 저 자신에게 쌓여서 결정적인 순간에 지금의 길을 선택한 것이더라고요.

저는 착하다는 것은 자신의 길을 정확히 찾아내고 그 길로 정진하는 것이라고 생각해요. 착하다는 말 뒤에는 많은 의미가 숨겨져 있잖아요. 내가 살아가면서 무엇이 중요한지 늘 생각하고, 중도에 포기하지 않고 끝까지 해낼 수 있도록 스스로를 성장시키고, 내가 정말 형수 맞는지 고민하는, 즉 나에 집중하는 이기적인 모습이 착한 것 아닐까 싶어요.

요즘 서점에 가면 독자를 위로하는 베스트셀러 책들이 많잖아요. 그런 책들을 읽으면 위로를 받기는 하지만 위로가 그냥 위로로만 끝나서 아쉬워요. 청춘이니까 용기내어 도전하고 새로운 것을 만들어낼 수 있어요. 그렇게 되면 현장에서 구르고 다치더라도 그것이 상처가 되지 않아요. 자신이 누구인지 알면 스스로 치료할 수 있는 자생력이 길러지거든요. 누군가가 약을 발라주거나 다독여주는 것은 일시적인 힘일 뿐이에요. 그러면 영원한 힘을 기르지 못해요."

1년을 기다려서 간 여름휴가, 당신은 이국적인 최고급 리조트에서 시간을 보내고 있다. 상상만 해도 행복해지지 않는가? 만약 이 기분을 우리의 일상으로 가져온다면 어떨까? 왜 그 느낌을 집으로 불러들이지 못하는가? 에스토니아의 한 여행작가는 이렇게 말한다.

"나는 여행작가이자 현지답사가로 일하면서 전 세계의 화려한 휴양지와 명소에서 수많은 사람들을 만났다. 그들은 편히 쉬고 즐기며 휴가를 보내고 있었다. 하지만 이상하게도 썩 행복해 보이지 않았다. 사람들은 '꿈같은 휴가'라는 거짓말을 일상으로 가져와 '꿈같은 인생'이라 옮기고, 정작 중요한 것은 잊어버리고 산다."

꿈같은 인생을 살기 위해 노력하는 김형수 대표. 그는 나무 하면 딱 떠오르는 회사가 되는 게 최종 목표라고 한다. 트리플래닛을 운영하면서 겪은 나무와 얽힌 사연 몇 가지.

〈장면 1〉

어느 날 전화가 왔다. 상대는 울먹이는 목소리로 마당에 있는 큰 나무를 다른 곳으로 옮겨줄 수 있느냐고 물었다. 이유인즉슨, 이사를 가는데 새로 들어오는 집주인이 그 나무를 베어버리려고 한다는 것이었다. 돌아가신 엄마와의 추억이 많은 나무인데, 그 나무가 없어지면 엄마가 또 한번 돌아가시는 것 같다는 사연이었다. 트리플래닛은 회의 끝에 이 나무를 안전한 곳으로 옮겼다.

왜 세상을 바꿀 수 없다고 생각하지? 김형수

〈장면 2〉

아기 나무에 자신의 이름을 지어주고 게임을 하는 초등학생들이 많다. 아기 나무가 성장하여 이른 나무가 된 후 실제로 심어졌을 때, 나무 주인에게 편지와 사진을 보내는데 정말 많은 초등학생들의 답장이 도착한다. 숙제를 하지 않아 선생님께 혼난 이야기부터 동생과 싸운 이야기 등 시시콜콜한 이야기들…… 나무는 이제 초등학생들에게 없어서는 안 될 친구가 되었다.

〈장면 3〉

혼자서 나무를 1000그루 이상 심어온 사용자가 있다. 그 사용자는 거의 하루종일 트리플래닛을 하는 바람에 남자친구와 싸우기도 했다. 나무를 심어 환경을 보호한다는 선한 취지에 감화된 사용자가 빚어낸 웃지 못할 해프닝.

김형수 대표는 사람들의 행동을 적극적으로 변화시키는 행동을 착하다고 표현한다. 움직이지 않는 사람들을 움직이게 만들기 위해서는 아주 매력적인 무엇인가가 있어야 한다. 그는 사람들의 적극적인 행동을 위해서 자신이 한 번도 해보지 못한 분야를 개척했다. 신념은 기술을 넘어설 수 있다. 지레 겁먹지 마시길. 당신을 확장시키고 싶다면 지금 당장 "Why not change the world?"를 외쳐라.

새로운 자아를 만들어내는 것은 생각보다 어렵지 않다.

자신감을 갖고 행동하면 된다.

그러다보면 어느새 당신이 세상을 바꾸고 있을 것이다.

'earth man' 미야타 유지 이야기

걸어서 세계를 다니며 나무를 심는 남자, 미야타 유지! 2007년 말 중국 도보여행을 시작으로 전 세계 17개 나라, 거리로는 1만 2500킬로미터를 넘게 걸으며 총 4060그루의 나무를 심었다. 700개 이상의 학교와 200여 곳의 고아원도 방문했다. 그는 그렇게 환경과 평화에 대한 메시지를 전하기 위한 'earth man'이 되었다. 전 세계를 걸어다니며 그가 전파하는 메시지는 하나다.
'모두가 평화·환경보호를 위한 활동을 할 수 있고, 아무리 작은 운동도 계속한다면 큰 변화를 가져오는 중요한 힘이 된다.'
한 걸음 한 걸음 내디딜 때마다 평화의 씨앗을 사람들의 마음에 뿌리고 있는 것이다.

걷기를 통해 세계의 상황을 보며, 다음 세대를 위한 진지한 교육이 필요하다고 느낀 그는 현재 'Peace week' 'Pray for Syria'라는 프로젝트를 진행하고 있다. 첫번째는 전 세계 아이들이 종교를 넘어, 나라를 떠나 평화를 생각하고 전파할 수 있는 능력과 의식을 키우자는 프로젝트다. 두번째는 아이들이 자신의 나라에서 꿈과 희망을 가질 수 있도록 시리아에 도서관을 짓는 프로젝트다.

그는 이야기한다. 모든 사람의 마음속에는 '양심'과 '정직'이 있다고. 2013년 겨울, 그는 아주 오랜만에 휴식을 취하며, 내년부터 시작할 활동을 준비하고 있다. 그가 꿈꾸는 평화로운 지구를 위해서…… 다음은 유지의 편지다.

왜 우리는 인생에서 평화를 만들어낼 수 없을까요? 모든 것들은 '부정적인 감정'에서 기인해요. 우리는 항상 증오 때문에 다른 사람, 국가, 그리고 지역과 논쟁하고 다투게 되죠.

부처가 말하길,
"증오는 절대 증오에 의해 정복될 수 없으며 오히려 사랑에 의해 정복된다. 이것이 영원한 진리이다."
간디가 말하길,
"주먹을 쥔 채로는 악수할 수 없다."

우리는 마음 깊이 사랑, 동정심, 친절이 필요하다고 느껴요. 이 세상의 모든 문제와 부정적인 것들은 긍정을 통해 해결될 수 있으니까요. 다른 이들의 행복이 당신의 행복이 되는 순간이 온다면, 그건 사랑, 친절, 너그러움, 동정심, 예의 같은 감정이 당신의 마음속에 있다는 뜻일 거예요.
진정한 행복은 '나 자신'이나 '우리의 기대'에서 오는 것이 아니라 다른 이들을 생각하는 평화로운 마음에서부터 오는 거랍니다.

영리하게
이기적으로 사는 것

백아람_위시컴퍼니 공동창업자

1. 이름

　백아람

2. 직업

　위시컴퍼니 공동창업자

3. 죽기 전에 내 삶을 돌이켜본다면, 어떤 삶이었으면 하는가?

　아직 답을 찾지 못한 질문입니다.
　다만, 많이 부족한 사람이었음에도 끊임없이 다듬어지며
　살았다고 기억되고 싶습니다.

4. 그것을 위해 나는 어떤 일을 하고 싶은가?

　One Step Forward!
　거창한 꿈을 외쳐보다는 지금 내딛을 수 있는 한 걸음을
　묵묵히 내딛고 싶습니다.

5. 그 여정에서 나에게 '돈'이란 무엇인가?

　옳다고 믿는 바를 주체적으로 행할 수 있도록 도와주는 도구.
　좀 더 지치며 꿈을 이루기 위해 필요한 것이라고 생각합니다.

6. 나를 일하게 하는 '힘'은?

　함께 하는 사람들, 소소한 기쁨들.
　보다 나은 내일을 만들 수 있을 거라는 희망!

7. 나에게 '착하다'라는 것은?

　가슴속기 선한 동기를 따라 행동할 수 있는 용기!
　착하다는 심품이 행동으로 구현되지 않는 다면 의미가 없다고 생각합니다.

박성호_위시컴퍼니 공동창업자

1. 이름

박서호

2. 직업

회사 운영 (위시컴퍼니)

3. 죽기 전에 내 삶을 돌이켜본다면, 어떤 삶이었으면 하는가?

아름다운 추억이 많은 삶이었으면 한다.
후회보다는 추억을 회상하며 마무리할 수 있는.

4. 그것을 위해 나는 어떤 일을 하고 싶은가?

더 다양한 경험을 하고, 좋은 사람들을 만나고 싶다.
소중한 경험 속에 깊은 관계와 추억을 쌓고 싶다.

5. 그 여정에서 나에게 '돈'이란 무엇인가?

돈이란 위 경험들을 만드는 데 도움이 되는 수단이 될 것이다.

6. 나를 일하게 하는 '힘'은?

함께하는 사람들, 그리고 일 속에서 얻는 소소한 기쁨들, 배움들

7. 나에게 '착하다'라는 것은?

본래 악한 사람은 없다고 생각하는 편.
다만 착한 것은 그 심성, 생각과 행동이 일치해야
'착하다'라고 할 수 있지 않을까?

정신없이 일하다가 문득 생각한다.

'나는 잘살고 있는가?'

'나는 올바른 방향으로 나아가고 있는가?'

회사의 이름, 현재의 상황이 마치 나의 '본질'처럼 여겨지는 불편한 현실. 한때 뒤늦은 사춘기를 겪으며 '나는 누구인가?'에 대한 답을 찾기 시작했다. 지금 당장 나를 설명할 수 있는 모든 것들이 없어져버린다면? 그것들 대신 무엇으로 나를 설명할 수 있을까? 그때부터 '당연한 것으로부터 벗어나기' 연습이 시작되었다. 일단 '너무나 당연한 것'과 '너무나 당연하지 않은 것'의 구분부터 시작했다.

나 자신에게 너무나 당연한 것들 : 내 본질에 집중하는 것, 무엇을 얻기 위해 행동하지 않고 나 자신을 위해 생각하고 행동하는 것, 행복하기 위해 노력하고 고민하는 것, 하루를 충만하게 보내는 것, 미래의 내가 아닌 현재의 내가 행복하도록 하는 것, 내가 건넨 인사와 말로 다른 이들에게 소소한 행복을 전해주는 것.

너무나 당연하지 않다고 생각하는 것들 : 다른 이들이 나에게 당연히 예의를 지켜야 한다는 것, 경쟁을 통해 쟁취해야 한다는 것, 많은 이들이 이야기하는 기준이 내게도 통해야 한다는 것, 좋은 학교를 나오고 알 만한 회사에 다녀야 좀 있어 보인다는 것.

나의 본질을 찾는 데는 꽤 시간이 걸리지만, 그 과정에 있는 나는 훨씬 자유롭다. 행복하다. 불만이 줄었다. 화가 나지 않는다. 모든 사람들이 아름답게 보이기 시작했다.

비슷한 고민을 하는 사람들을 만났다. 불안함인지 두려움인지 다른 삶에 대한 동경인지 모르겠지만, 주어진 삶에 만족하며 '잘살고 있다'고 느끼는 경우는 별로 없는 것 같다. 대부분은 자신이 원하는 대로 살지 못하고 있다며 한탄한다. 그런데 이들은 다르다. 이들은 스스로 잘살고 있다고 자부하고, 남들도 잘살게 만들기 위해 애쓴다. 위시컴퍼니의 공동창업자, 박성호 대표와 백아람 이사의 이야기다.

"오늘 란초에 대한 존경심이 더 커졌다. 대부분은 학위를 위해 대학에 갔다. 학위가 없으면 좋은 직장도 예쁜 부인도 얻기 힘들고 신용카드도 만들지 못하고 사회적 지위도 떨어질

텐데 그게 그 녀석에겐 문제 되지 않았다. 란초는 배우는 즐
거움에 대학에 온 거지 1등과 꼴등은 전혀 신경쓰지 않았다."

얼마 전 많은 사람들에게 "알 이즈 웰All is well"을 외치게 만들
었던 인도 영화 〈세 얼간이3 Idiots〉. 박대표와 백이사는 영화 속
주인공들과 많이 닮아 있다. 정말 아무것도 없고 내일 당장 어떻
게 될지 모르는데 "알 이즈 웰"을 외치면서 하루하루를 개척해온
그들이다. 그들은 매일 아침 "결국엔 잘될 거야. 우리가 꾸는 꿈
이 가치 없는 일이 아니고 의미 없는 일이 아니기 때문에 이루려
는 것들은 반드시 이루어질 거야"라고 외친다. 또한 회사 이름처
럼 자신이 하고 싶은 일들을 마음껏 하는 '이기적인 사람'이라고
자신들을 소개한다.

나는 착하게 돈 번다

"그래, 바로 이거야!"

위시컴퍼니는 중소기업 제품의 글로벌 진출을 돕는 회사다. 해외의 기업과 소비자를 대상으로 한국의 제품들을 마케팅하고 수출한다. 특히 지금은 중소기업 화장품을 수출하는 데 효자 노릇을 톡톡히 하고 있다.

위시컴퍼니 사이트에 들어가면 우리나라 중소기업 화장품들이 나열되어 있다. 그것을 보고 소비자들과 기업들이 제품을 선택할 수 있다. 판매 목적도 있지만 해외의 다른 매체, 잡지 혹은 다른 소비재와 함께 콜라보레이션을 통해 다양한 이벤트를 만들어가면서 더 많은 해외 구매고객을 확보하려고 한다. 실제로 공동창업자 중 대표를 맡고 있는 박성호씨는 1년 중 많은 시간을 해외에서 활동하고, 백아람 이사는 우리나라에서 안살림을 맡고 있다.

작은 소호 사무실에서 시작한 회사는 3년 만에 그 건물 한 층을 통째로 임대할 정도로 꾸준히 성장하고 있다. 위시컴퍼니는 창립 이후 B2B 무역을 해오다가 2011년 8월 처음 일반 고객들을 위한 해외 온라인 쇼핑몰을 오픈했다. 해외 고객들을 어떻게 유치할지 방법도 모른 채 사이트만 구축해놓은 상태였는데, 한 달 매출이 1200달러였다. 130만 원 남짓 되는 많지 않은 돈이지만 고객들이 어떤 루트로 와서 왜 구매하는지도 모른 채, 마냥 신기해하며 배송했다.

지금은 70여 개국에 수출한다. 화장품의 천국인 프랑스가 구매 1위 국가이고, 싱가포르에 사는 남자 고객이 여자친구의 선물을 위해 제품 추천을 부탁하기도 한다. 미국, 영국, 프랑스, 호주, 러시아, UAE, 싱가포르 등이 단골 국가이다. 최근에는 지중해 섬 중 하나인 마르티니크라는 곳에서 주문이 들어왔다. 지금은 초창기 한 달 매출의 몇 배를 하루에 달성하는데 여전히 신기하기만 하다.

사실 무역, 즉 나라와 나라 사이에 제품이나 서비스, 기술을 교환하는 일이 매우 어려워졌다. 10년 전에는 다른 나라에 가서 바이어를 만날 기회가 많았지만, 이제는 온라인 시장의 발달로 대면 미팅이 쉽지 않고 넘쳐나는 정보 덕분에 전 세계 소비자들이 한층더 까다로워졌기 때문이다. 그렇기에 무역은 창업하는 이에게 쉽지 않은 도전이다. 더욱이 해외 유명 제품을 우리나라에 수입해 알리는 일이 아닌, 전 세계 불특정 다수를 대상으로 우리나라 중소기업의 화장품을 수출하는 일이라면 훨씬 더.

하지만 위시컴퍼니는 소비자의 마음을 끌어당기는 것이 무엇인지, 소비자의 시간과 돈을 쓰려면 어떻게 해야 하는지 맹렬히 고민했다. 그 결과 한 중소 화장품 회사는 매출의 상당 부분을 위시컴퍼니와 함께 만들어내고 있다. 내수 시장의 한계를 느끼고 수출을 하려고 여러 차례 시도하면서 사기도 당하고 좌절했던 그 회사에게 위시컴퍼니와의 협력은 새로운 꿈을 꿀 수 있는 기회가 되었다.

화장품은 여성들에게 보상의 의미가 크다. 힘들고 지친 일상에 피부만이라도 호사를 누리고 싶어하는 고객의 심리에 맞춰, 각 브랜드들은 몇십만 원이 훌쩍 넘는 고가의 제품을 출시한다. 지금 우리가 알고 있는 화장품 브랜드를 읊어보면, 열 손가락에 꼽히는 것 중 국내 브랜드는 서너 개밖에 되지 않을 것이다. 하지만 우리나라의 화장품 브랜드는 무려 3000여 개가 넘는다. 그렇다면 2990개 넘는 나머지 브랜드는 어떻게 살아남을까? 뚜렷한 길이 없는 상황에서, 국내에서의 비약적인 성장은 기대하기 힘들었다. 해외에서 새로운 소비자를 발굴해야 하는데 언감생심에 불과했다. 그런 상황에서 하고 싶지만 할 수 없는 일을 자청해준 위시컴퍼니가 얼마나 반가웠을까. 그리고 위시컴퍼니는 왜 중소기업이 만든 무명 제품을 수출할 생각을 했고, 어떻게 해외 시장을 개척했을까?

3년 전, 늘 같은 시간에 같은 자리에 앉아 이야기를 나누는 두 남자가 있었다. 대화의 주제도 언제나 같았다. 오랫동안 좋은 사람들과 함께할 수 있는 회사는 어떻게 만들 수 있을까? 사회의 기준이나 압력에 의해 인생을 설계하기보다, 자신의 내면에서 들려오는 목소리에 귀를 기울이는 사람들이 모여드는 회사를 위해 두 사람은 고민을 거듭했다. 더불어 무엇을 하면 돈이 될지도 고민했다.

처음엔 '대세'인 IT 관련 창업을 해야 하나 싶었다. 그런데 너무 많은 사람들이 뛰어들어, 지금은 대세지만 언제 찬밥 신세가 될지 모르겠다는 생각도 들었다. 그렇다면 유행에 휩쓸리지 않고 사람들이 언제나 관심을 갖는 일은 무엇일까? '책도 영화도 TV

도 변화하고 있지만, 먹고 자고 바르는 것은 평생 사람이 스스로 해야 된다?'라는 생각이 머릿속을 스쳐 지나갔다. '스스로가 관리해야 하는 피부, 미모, 그리고 세상의 절반인 여성들이 바르며 비상한 관심을 기울이는 화장품. 그래, 바로 이거야!'

실 패 란? 다 시 시 작 한 다 는 뜻!

해외 영업에 능한 박성호 대표는 시장에 진출하기 전, 한 중소기업의 마케팅을 도와주러 홍콩을 찾았다. 코스모프로프^{Cosmoprof}는 아시아 지역 최대 뷰티산업 박람회로, 매년 11월 홍콩에서 열린다. 박람회에서 가장 중요한 일은 명함 주고받기. 같은 분야에서 일하는 전 세계 사람들이 모이기 때문에 서로 놓칠세라 인사를 나눈다.

박대표 역시 마찬가지였다. 하루가 마무리되면 한 손에 잡히지 않을 정도의 명함이 모였다. 그렇게 며칠간 모은 명함을 가지고 한국에 돌아와 그 모든 사람들에게 이메일을 보냈다. 전부 기억하기도 힘들었고, 솔직히 명함 속 주인공이 무엇을 하는 사람인지, 그가 속한 조직이 어떤 일을 하는지도 잘 모른 채 안부 메일을 보냈다. 스쳐가는 인연으로 만들고 싶지 않았기 때문이다. 회신이 온 메일은 100통 중 1통 정도. 한국의 중소기업 화장품들을 해외에 수출하고 싶다고 소개했는데, 아이디어는 좋다는 피드백과 함께 '그렇지만' 시장은 쉽게 열리지 않을 것이라는 답이 대부분이었다.

　가능성은 인정하면서도 성공 여부에 대해서는 의문을 보인 많은 사람들의 우려에도, 그는 포기하지 않았다. 그에게 '실패'라는 단어는 '다시 시작하다'라는 의미를 지니고 있었기 때문이다.

　그러던 중 눈에 띄는 답이 왔다. 박대표가 소개한 회사가 대한민국에서 무엇을 하는 회사인지, 어떤 일을 하는지 궁금하다는 메일이었다. 혹시나 인연이 될까 싶어 한국 중소기업의 화장품이 매우 우수하다는 사실을 알려주었더니 제품 설명서를 보내란다.

　아무것도 준비되지 않은 상황이었고 사실 그 사람이 뭐 하는 사람인지도 몰랐지만, 혹시나 하는 마음에 설명서를 정성스레 번역해서 보냈다. 그리고 긍정적인 회신. 더욱 놀라운 것은 메일을 주고받던 이는 홍콩에서 엄청난 규모의 화장품을 수입하는 유통회사 바이어였다.

　그 시점에 귀한 인연을 만나리라고는 전혀 예측하지 못했었다. 운칠기삼運七技三, 사람이 살아가면서 일어나는 모든 일의 성패는 운에 달려 있다는 말이 생각날 법도 하다. 그러나 만약 그가 수많은 명함을 일일이 체크하고 안부 메일을 보내지 않았다면 허공에 날아가버렸을 행운이었다.

　그렇게 새로운 인연이 만들어지고, 첫번째 박스가 한국을 떠났다. 그때부터 위시컴퍼니의 모든 직원들은 물건이 제대로 갔는지 밤새 체크하고, 도착해서 문제는 없는지, 현지 소비자 반응은 어떤지 확인하며, 다음 주문이 들어올 때까지 바이어들과 긴밀한 커뮤니케이션을 유지했다. 오후 4시가 되면 우체국에 배송을 가기 위해 수레에 박스를 싣고 지하철역 공사를 하는 대로를 돌 돌거리며 걸어갔다. 돌부리에 걸려 넘어지기도 하고, 박스를 왕창 쏟아 그것을 주워 담기도 하는 등 어려움을 겪은 지 1년이 지나자 한 달에 수천 명의 고객에게 서비스를 제공하게 되었다. 이전 한 달 매출의 몇 배를 하루에 올리는 회사로 성장했다는 점도 고무적이지만, 그보다 더 중요한 것은 소규모 기업들과 상생하는 회사가 됐다는 사실이다. 무역을 한 번도 해보지 않은 사람들이 1년의 시행착오를 겪으며 무역에 대해서 배우고, 하나의 성공사례를 만들어낸 것이다.

해외무역의 비법? 얼굴을 보는 것!

처음 무역을 시작할 당시에는 자금도 없고 경험도 없고 해외 네트워크도 전무한 상태였다. 그래서 그들은 한 가지 철칙을 세웠다. '인연을 귀하게 여기자.' 한 번 맺은 인연은 절대로 놓지 않겠다는 결심이었다.

시차가 있다보니 주요 소통수단은 이메일이지만, 되도록 전화로라도 이야기를 나누고 정기적으로 각국을 방문해 면대면 소통, 즉 눈을 마주치고 이야기하려고 노력한다. 얼굴을 익히는 것만큼 신뢰를 쌓는 방법은 없기 때문이다. 이들은 해외무역 비법이 얼굴을 보고 이야기하는 것이라고 말한다. 그리고 또 한 가지,

농사를 짓는 마음으로 인내하고 기다리고 참는 것. 언젠가 박대표가 일기장에 적은 내용이다.

1월에 뿌려놓았던 씨앗이 돌고 돌고 돌아서 9월 구매로 이어졌다. 자연의 법칙과 닮았다. 아주 자그마한 씨를 뿌렸는데, 무심코 다시 들러본 그 자리에 아주 작은 새싹 하나가 자라 있는 걸 발견한 느낌이다. 충분히 익어 성숙하기까지는 시간이 걸리는 법. 마음을 담아 진행한 일은 반드시 결과를 얻기 마련인 것 같다.

마케팅에 정도가 있을까? 대답은 잘 모르겠다. 나름 전공이라고 공부도 해보고, 전략도 짜보고, 돈이 많이 드는 대규모 프로모션도 해보고, 소위 노가다도 하고 있다. 전문가라는 사람들의 이야기도 들어보고 컨설팅도 받아보고, 나도 이제는 할 말이 생겼구나 싶어도 "사업이 뭐냐, 마케팅이 뭐냐, 고객은 누구냐"라고 물어보면 대답은 "나도 잘 모르겠다"이다. 다만 한 가지 확실한 것은, 농사를 지어보진 않았지만 마케팅은 농사랑 닮았겠구나 싶다. 씨를 뿌리고 성실히 논을 매고 적당한 햇살과 비를 기다리며 가을을 준비하는 일.

모든 일에는 제약이 있기 마련이고 아무리 완벽하게 계획을 세웠어도 허점은 보이기 마련이다. 성공했다고 하더라도 그것은 몇몇 사람의 성과가 아니며, 실패한 듯 보여도 진심이 담겨 있는 것이라면 후에 수확할 무엇이 반드시 있는 것 같다.

내가 지금 할 수 있는 일에 최선을 다하고, 그곳에 진심을 담고, 내가 하는 행위에 마음을 담아 씨를 뿌려놓으면 수확의 시기는 반드시 다가온다고 믿는다. 물론 무작정 아무것이나 마구잡이로 해서는 안 된다. 건조한 전략보다는 진솔함과 절실함이라는 염원을 담아 접근하는 것이 좋은 것 같다. 겸허한 마음으로.

뛰어난 마케팅 방법도 전략도 없이 '진솔함과 절실함'을 담으면 언젠가 결실을 맺는다는 믿음으로 회사를 성장시켰다고 하지만, 기본적으로 제품의 품질에 대한 확신이 있어야 가능한 일이다.

그들은 어떻게 한국 화장품의 우수성을 알게 됐을까?

한국에서 생산되는 화장품은 몇 개의 공장에서 모두 제작된다. 브랜드는 다르더라도 만드는 공장은 같은 것. 위시컴퍼니가 주목한 것은 바로 이 부분이었다. 같은 원료로 같은 기술로 만드는데, 단지 브랜드파워에서 밀려 힘겨워하는 중소기업 화장품들이 많다는 사실 말이다. 그리고 우리나라 시장만의 독특한 특징은 변화가 빨라도 너무 빠르다는 것이다. 공장에서 대기업 제품을 먼저 생산해주어, 중소기업 제품들을 생산할 순서가 되면 우리나라에서는 이미 그 원료의 유행이 지나가기 시작한다. 하지만 해외 화장품 시장의 변화는 우리보다 두세 시즌 늦기 때문에, 충분히 승산이 있었다.

그럼 누가 구매할까? K-POP을 좋아하고 한국에 관심 있는, 동남아시아 사람들의 구매가 당연히 많을 것으로 생각했는데 실제로는 그렇지 않았다. 한국을 잘 알지 못하면서도 한국에서 제

조된 화장품을 사려는 사람들, 그것도 무려 2주라는 배송기간을 기다려서 구매하려는 사람들은 의외로 다른 곳에 있었다. 새로운 제품에 대한 호기심을 충족하기 위해 20~30달러를 거뜬히 지불할 수 있으며, 멀리서 온 소포도 안심하고 받을 수 있을 만큼 자국의 우편 시스템이 체계화된 나라의 사람들, 즉 영미권과 유럽권이 가장 큰 고객이었다. 지금 위시컴퍼니는 미국을 비롯해, 전 세계 70여 개국에 한국 중소기업 화장품을 수출하고 있다. 해외 소비자들은 샘플까지 정성스레 포장하는 한국식 배송 서비스에 감동하며, 한 번의 구매를 두 번, 세 번으로 이어가고 있다.

가 장   이 기 적 인   일 이   가 장   이 타 적 인   일

"객관적으로 따졌을 때는 대기업이나 금융권에 다니는 친구들의 연봉이 굉장히 좋은 편이잖아요. 어떻게 보면, 그러니까 욕심을 부리지 않으면 더 안정적인 곳인데, 모험에 대한 열망이 있어서 그런지 저보고 부럽다고들 해요. 하지만 모험을 하는 저로서는 당장 내일이 겁날 때도 많고 항상 스트레스와 싸우는데 말이죠. 친구들이 그런 말을 할 때마다 저는 힘들다, 죽겠다는 얘기보다는 이런 이야기를 해주는 편이에요.

'너의 행복을 찾았으면 좋겠어. 나는 지금 힘들지만 행복해, 즐거워. 네가 행복한 길이면 나와 같이하자. 하지만 네가 너의 행복이 뭔지 모르는데 막연하게 동경하는 거라면 너의 행복을 찾는

일이 우선일 것 같아.'"

요즘 백아람 이사는 행복에 대해 다시 생각하고 있다. 회사가 잘나가니 행복하겠다는 질문을 자주 듣기 때문이다. 그런 이야기를 들을 때마다 그는 아래 구절을 떠올린다.

그 누구도 온전한 섬으로 존재할 수 없나니, 모든 개인은 대륙의 한 조각이며 전체를 이루는 일부이다. 만약 진흙이 바닷물에 씻겨나가면 유럽 땅은 그만큼 작아지게 되고, 모래톱이 그리될지라도, 그대의 영지와 친우가 그리될지라도 이는 매한가지여라. 다른 이의 죽음도 나 자신의 상실이니, 나는 인류에 포함된 존재이기 때문이다. 그러니 묻지 마라, 누구를 위하여 종이 울리냐고. 종은 그대를 위해 울리는 것이다.

―존 던John Donne

영리하게 이기적으로 사는 것   백아람·박성호

『누구를 위하여 종은 울리나』라는 소설의 모티브가 된 시이다. 백이사는 행복에 대한 고민을 하며 나름의 정리를 했다. 그가 이 시에서 주목한 것은 이 부분이다.

"그러니 묻지 마라, 누구를 위하여 종이 울리냐고. 종은 그대를 위해 울리는 것이다."

그리고 생각했다. 종을 행복, 삶의 목표, 인생의 의미, 기타 등등 무형적인 것으로 대체해서 내용을 바꿔보면 '누구를 위하여 사는 것이냐고 묻지 마라, 삶은 그대를 위한 것이다' 또는 '인생은 그대를 위하여 존재하는 것이니 자신의 행복을 좇아 살아라'와 같은 의미가 아닐까? 우리는 흔히 위인이라 부르는 사람들, 일반인의 범주를 벗어난 사람들을 생각하면서, '그들은 많은 것을 포기했어, 고통스러운 삶이었을 거야'라며 위안을 삼는다. 그렇지만 위대한 사람이건 하찮아 보이는 사람이건, 의식하건 의식하지 않건, 모두들 자신의 행복을 추구하며 사는 것이다. 위대한 이도 자신이 하고 있는 바로 그 일이 행복했기 때문에 자신의 종을 울리는 삶을 살았을 터이고, 무명의 삶 또한 그것이 자신의 종을 울리는 일이었다면 마찬가지로 행복했을 것이다.

테레사 수녀가 그렇게 살 수 있었던 것은 그것이 자신의 행복이었고, 자신을 위한 종의 울림이었기 때문이구나…… 하는 깨달음을 얻자 그는 더욱더 많은 것을 이해하게 됐다. 자신만을 위한 종을 울리며 살듯, 다른 사람도 모두 그런 삶을 사는 것이라고. 때론 도무지 이해할 수 없는 삶의 모습도, 너무 멋져서 닮고 싶은 삶의 모습도 모두 각자의 고유한 종소리를 내며 살아가는 것이라고…… 그래서 위시컴퍼니는 '이기적인 이타'를 추구하며 행복을 느낀다. 백이사와 박대표의 말이다.

"요즘 저는 행복합니다. 몸이 편해서도 아니고, 일이 잘 풀려서도 아니고, 돈이 많아서도 아니고, 유명해서도 아닙니다. 행복의 기준이 바뀌었기 때문입니다. 남들이 뭐라 하건, 저는 저를 위해 울리는 종소리를 들었고 그 소리가 더욱 아름답게 울리게 하려고 살고 있습니다. 결과가 어떻게 되든 저는 저의 행복을 좇아서 살기 때문에 행복합니다. 각자가 행복을 추구하며 사는 각양각색의 모습들이 어우러져 조화를 이루는 사회, 그것이 우리가 살고 있는 세상 아닐까요? 그런 발견과 깨달음에 따라 요즘의 제 관심사는, 사람들과 만나서 하는 이야기의 대부분은 '당신의 행복은 당신 스스로 느끼고 찾아야 한다'라는 것입니다. 더불어 그렇게 살고 있는 사람들을 만나면 기쁩니다."

"저희는 이기적인 사람들이에요. 돈도 많이 벌고, 멋진 공간에서 일하고, 개인적으로 좋은 집과 자동차를 갖고 싶어요. 그러면서 동시에 사회적으로도 존경받고 선한 일을 통해서 가치도 만들어냈으면 해요. 그렇기에 영리해지려고 노력해요. 영리하게 이기적으로 살려는 거죠. 테레사 수녀도 마틴 루터 킹 목사도 본인이 좋아서 그런 위대한 일을 하셨겠죠? 영혼의 만족감을 얻으니 하셨을 거예요. 만약 이기적인 사고에서 나오는 이타적인 행위를 겉으로만 보고 따라 하려면 힘들죠…… 자기 자신을 먼저 발견하고 그것이 착한 행동으로 이어질 때 그게 진짜인 것 같아요. 남의 기준에서는 이타적이지만 본인에게는 이기적인 거예요.

제 이기심 중에는 사회적 영향력, 착한 사람에 대한 욕심도 있어요. 이기적인 모습을 추구하지만 그 과정에서 착한 것을 이루면 남들이 보기엔 이타적인 것이겠죠. 동시에 저는 이기적인 저의 목표를 이룬 것이고요."

『기브 앤 테이크GIVE & TAKE』라는 책을 보면 기버Giver, 즉 다른 사람을 먼저 생각하는 사람 중에서도 성공한 기버는 타인의 이익과 개인의 이익을 동시에 챙기는 사람이라고 한다. 그들은 자신의 가치를 포기하는 것이 아니라 전체의 파이가 커질 수 있게끔 먼저 가치를 창출한다. 그래서 파이를 나눌 때는 전체 크기가 커져 상대에게 나눠주고도 자기 몫이 많이 남는다. 이렇게 더 많이 주는 동시에 더 많이 갖는 사람이 진정 성공한 사람이라는 것이다. 그런 의미에서 위시컴퍼니는 진정한 성공을 거뒀고, 앞으로도 거둬갈 회사임이 분명하다.

"저희가 날마다 외치는 말 두 가지가 있어요. 하나는 'Make A Wish'이고, 또하나는 'All is well'이에요. 항상 사람들이 우리 회사를 보고 무한 긍정의 회사라고 표현해주세요. 'Make A Wish'라는 말에는 단순히 우리의 소망이나 꿈을 이루자는 의미도 있고 위시컴퍼니를 좋게 만들자는 뜻도 있어요. 위시컴퍼니의 'Wish'는 'Worldwide Idea Solution Hub'에서 앞글자만 딴 거예요. 결국 저희가 지향하는 회사의 모습은 소수의 전문 인력들이 모여서 하나의 허브로 기능하면서, 사회에 많은 가치를 환원하는 회사예요. 그렇기 때문에 저희가 날마다 'Make A Wish'라고 외치는 건 단순한 구호가 아니라 모두가 공유하는 가치점을 상기시키는 역할을 하는 것 같아요."

'내가 이 사람을 어떻게 도울 수 있는지'
고민하다 탄생한 비즈니스 모델
이광석, 인크루트 대표

인크루트는 일과 사람을 연결하는 기회를 제공하여 모두가 행복한 세상을 만든다는 비전 아래, 온라인 채용정보를 중심으로 다양하고 전문화된 HR 관련 콘텐츠와 서비스를 제공하는 회사다. 국내 최초로 온라인 채용 시장을 개척한 인크루트는 채용정보는 물론 일과 직업, 경력에 대한 많은 연구조사를 통해 보다 나은 일자리를 제공하고자 노력하고 있다.

인크루트가 말하는 '일'에는 이광석 대표의 철학이 담겨 있다. 이대표에게 일이란 연결과 공유, 만남 가능성을 말한다. '일을 원하는 사람들'만큼이나 '사람을 기다리는 일'도 많지만 공유되지 않아 서로 연결되지 않는 경우가 많다. 그는 이런 일이 발생하지 않도록, 자신이 하고 싶은 일에 대한 정보가 부족해 실패하는 경험을 줄여주고 싶어서 이런 업무를 직접 만들었다.

인테리어 공사가 한창인 연세대학교 정문 앞 상가. '인터넷 카페 오픈 예정'이라고 적혀 있는 먼지 풀풀 날리는 공사장 앞에서 한 청년이 서성거리고 있다. 벌써 3일째다. 숫기 없는 남학생은 뭔가 말하고 싶은 모양인데 어찌할 바 모르고 왔다갔다만 했다. 그러다 공사장 앞에서 인터넷 카페 사장님을 마주하게 됐다. 용기를 내어 입을 열었다.
"제가 컴퓨터에 대해서 아주 잘 알아요. 그러니 제게 카페 한구석을 사무실로 쓰게 해주시면 제가 일하면서 컴퓨터에 문제가 생겼을 때 해결해드릴게요. 저는 현재 PC통신 자료실에서 무려 8000명의 사람들에게 무료로 정보를 알려주고 있어요. 이분들이 새롭게 시작될 인터넷 세상에 대해서 많은 것을 궁금하세요. 인터넷이 세상을 바꾸는 엄청난 위력을 가지고 있다고 봅니다. 그것을 더욱 많은 이들이 알게 하는 것이 저의 사명이에요."

무엇이 그에게 '무모한 용기'를 심어줬을까? 돈이 아닌 할 수 있는 일로 이렇게 협상을 하게 만들었을까? PC통신을 사용하던 시절, 그는 자료실에 많은 정보를 올리고 사람들이 궁금해하는 내용들을 공유했다. 많은 이들이 그 정보를 통해 기뻐하는 것을 느꼈다. 그는 지식은 나누면 없어지는 것이 아니라 더 빛날 수 있도록 확산된다는 사실을 알았다. 자료실을 운영하는 것처럼 정보를 업데이트하니 어느 순간 회원들에게 베푸는 사람이 되어 있었다.

이 경험은 그가 "이 일을 도와주셔야 합니다. 이 일을 통해 많은 이들이 혜택을 받을 수 있습니다. 정보를 찾는 것은 아주 중요한 일입니다"라고 당당하게 말할 수 있게 했다. 도움을 요청하면서, 그는 세상에는 생각보다 열린 마음으로 도와주려는 사람들이 꽤 많다는 것을 알았다. "아는 사람도 없는 세상에서 무엇을 할 수 있겠니?"라고 물었던 사람들에게 그는 당돌하게 도전하면 오히려 많은 사람들이 응원해주고, 청년 때의 도전을 값지게 여겨준다는 사실을 증명해냈다. 그렇게 그는 학교 앞 인터넷 카페에 자신의 첫번째 사무실을 꾸렸다.

내가 누군가를 어떻게 도울 수 있을지 고민하고, 그렇게 도움을 주는 과정에서 기쁨을 느끼다 탄생한 비즈니스가 바로 인크루트이다.

내가 아니면
아무도 하지 않았을 일

김미균_시지온 대표·공동창업자

1. 이름

   김미균

2. 직업

   사업가

3. 죽기 전에 내 삶을 돌이켜본다면, 어떤 삶이었으면 하는가?

   사랑하는 사람들을 위해 쉬운 길이 아닌 옳은 길을 선택한,

   그래서 힘겹을수록 흥미로운 삶이길..

4. 그것을 위해 나는 어떤 일을 하고 싶은가?

   더 많은 사람들을 이해하고 사랑하는 일.

   (그래서 사람들의 삶과 세상을 만드는 커뮤니케이션에 매료되었고

   사람들을 더 행복하게 할 커뮤니케이션 인터페이스를 설계하는 회사를 창업했습니다)

5. 그 여정에서 나에게 '돈'이란 무엇인가?

   행복한 커뮤니케이션을 만들 우리 팀(회사)이 도전을 지속할 연료이자

   각 개인의 삶을 풍족하게 할 자원

6. 나를 일하게 하는 '힘'은?

   시지폰이 만들 미래 커뮤니케이션에 대한 호기심, 사람을 사랑하는 에너지

7. 나에게 '착하다'라는 것은?

   더 나은 미래를 만드려는 순수한 열정!

"어떻게…… 이를 어쩌니."

"아침부터 왜 그래? 무슨 일 났어?"

"이를 어쩌니…… 어쩌면 좋아……"

"대체 무슨 일인데 그래?"

놀란 엄마의 목소리에 양치질을 하다 말고 거실로 뛰쳐나온 나는 TV 앞에서 그만 멍해졌다. 국민배우, 그동안의 어려움을 딛고 일어나 멋지게 재기에 성공한 그녀가 다시는 돌아올 수 없는 길을 선택했다. 아무 생각도 나지 않았다.

아마도 많은 사람들이 그날을 기억할 것이다. 버스정류장 앞 쇼윈도 TV 모니터에서는 국민배우가 세상을 등졌다는 뉴스가 나왔다. 왜 자살했는지, 빈소의 표정은 어떤지가 생중계됐고 생전의 활동들이 조명됐다. 그 앞에는 어두운 표정으로 화면을 지켜

보는 사람들이 있었다.

그녀를 죽음에 몰아넣은 원인 중 하나로 지목된 것이 악성댓글이었다. 그녀가 떠나기 며칠 전부터 인터넷에 떠돌던 정체불명의 루머들, 그 루머들을 토대로 그녀를 향해 쏟아졌던 수많은 악성댓글들……

사람들은 이번 기회에 익명 뒤에 숨어 잔인한 말들을 서슴지 않고 쏟아내는 악플러들을 강하게 처벌해야 한다고 열을 올렸지만, 얼마 지나지 않아 세상은 다시 잠잠해졌다. 하지만 정류장 앞 수많은 인파들 속에서 안타까운 마음으로 뉴스를 지켜봤던 두 젊은이는 결심한다. 이 문제를 꼭 해결하겠다고. 그리고 3개월 후, 두 사람은 소셜 댓글업체 '시지온'을 만들었다.

내가 아니면 아무도 하지 않았을 일 김미균

시지온은 250여 개의 언론사를 포함해 기업, 정부기관, NGO 등 600여 곳의 고객사에 라이브리 서비스를 제공하고 있다. 라이브리 서비스란, SNS 아이디로 로그인해 댓글을 쓰고 해당 콘텐츠를 SNS로 유통시키는 서비스를 말한다. 쉽게 말해 각종 사이트에 자신이 단 댓글이 자신의 SNS에 그대로 전송되는 것이다. 지금이야 많이 상용된 서비스지만, 몇 년 전만 해도 생경하고 신선한 방법이었다. 인터넷 사용자들의 의사표현의 자유도 존중하면서 '공유'를 통한 스스로의 자정 노력은, 익명성 뒤에 숨어 저지르는 폭언을 해결해줄 수 있었다.

그동안 우리나라는 악성댓글을 해결하기 위해 '본인 확인제'를 실시했다. 이름과 주민번호를 입력하고 회원가입을 한 뒤 그 아이디로 로그인해야만 댓글을 달 수 있었다. 하지만 이 제도는 악성댓글을 줄이는 데 큰 실효성이 없는 것으로 나타났다. 댓글의 원래 취지는 자유로운 의사표현과 의견공유인데, 본인 확인제가 시작되면서 댓글의 수는 확연히 줄었고 댓글의 질은 극단적으로 나뉘었다. 악성댓글은 줄지 않고 그 내용과 표현수위가 오히려 더욱 악해졌다.

그러다 본인 확인제가 위헌이라는 판결이 나면서 상황은 급격히 뒤바뀌었다. 악성댓글로 먼저 홍역을 치른 한국의 사례를 가지고 연구하는 외국 대학 논문이 눈에 띄게 많아졌다. 시지온은 2013년 여름, 아시아 지역 출신으로는 최초로 미국의 B2B 기업 전문 인큐베이팅 프로그램인 '액셀프라이즈(www.acceleprise. vc)'에 선발되어, 현금 지원과 사무공간, 법무 서비스를 제공받았다. 특히 IT 및 미디어업계의 영향력 있는 멘토들과의 협업으로 당차게 워싱턴 D.C.에 둥지를 틀 수 있었다. 현재는 워싱턴포스트와 미국대체언론협회를 비롯한 40여 개의 언론사 및 기관과 협업을 조율중에 있다.

보름 단위로 한국과 미국을 오가며 글로벌 기업가가 된 이들의 아이디어는 어떻게 탄생한 것일까? 누구나 필요성을 느끼지만 아무도 하지 않던 일을, 어떻게 자신이 해야겠다고 생각하게 됐을까?

유명 연예인의 악성댓글로 인한 자살 소식을 접했을 때, 시지온의 공동창업자 중 한 명인 김미균 대표는 커뮤니케이션을 배우는 즐거움에 막 눈을 뜬 신문방송학과 2학년 학생이었다. 중고등학생 때 겪을 법한 사춘기를 스무 살에 함묵증이 걸릴 정도로 혹독하게 겪은 터라 그녀는 집중할 무엇인가가 절실하게 필요했다. 내가 진짜 하고 싶은 일이 무엇인지, 앞으로 무엇을 하며 살아가야 행복할지 도무지 알 수 없어 너무나 힘들었다.

사춘기는 '생각의 봄'이라고 했던가? 화려한 꽃망울을 터뜨리기 직전, 에너지가 응축되어 있는 아주 불안정한 상태. 성장하기 위해 꼭 필요한 과정이라고 하지만 봄치고는 너무나 시린 순간이었다. 그녀의 절실함은 서비스 개발에 집중하게 만들었다.

그 당시 우리나라 온라인 공간을 들여다보면 '마녀사냥'이 난무했다. 일단 공격대상이 되면 총알만 날아들지 않았을 뿐 피투성이가 되어 사회를 떠나는 경우도 많았다. 이 끔찍한 전쟁터의 희생양들은 공인뿐 아니라 일반인들에게까지 확산되고 있었다. 이런 말도 안 되는 상황을 변화시키겠다는 불타는 정의감으로 두 학생은 1년 반 동안 온라인 토론 플랫폼에 공을 들였다. 인터넷 판 '100분 토론' 서비스라고 이야기하며 진행자가 양쪽의 입장을 중재해주는 신사적인 토론 서비스였다.

하지만 개발 결과는 계속 실패. 감당하기 힘든 큰 그림을 그려서인지 좀처럼 진도가 나가지 않았다. 꼭 개발했으면 좋겠는데, 사람들에게 제공했으면 좋겠는데 하는 답답함으로 온라인 토론 서비스에 대한 반응을 알아보고자 피켓을 들고 무작정 교문 앞으로 나갔다. 아주 작은 실마리라도 얻고자 하는 마음으로 서 있던 중 아주 결정적인 한마디를 들었다.

"온라인 토론은 댓글이다."

개발자들이 항상 겪는 문제, 바로 만드는 사람과 사용하는 사람의 입장은 완전히 달랐던 것이다. 그때부터 개발하고자 한 큰 그림의 5퍼센트도 안 되던 '댓글 서비스'에 집중하기 시작했다.

악성댓글을 해결하겠다고 했더니 누군가는 그랬다. 악성댓글이 전쟁, 기아, 빈곤 퇴치보다 더 중요하냐고. 이 글을 읽는 당신은 어떻게 생각하는가? 악성댓글 문제는 전쟁, 기아, 빈곤과는 다른 섹터로 봐야 한다는 게 김미균 대표의 설명이다. 시지온이 하지 않았다면 아무도 하지 않았을 일, 공공 섹터나 기업 섹터에서 하지 않는 니치 마켓niche market을 찾은 것이다.

그렇게 개발에만 매달리기를 어언 2년, 멤버들은 월급도 받지 못하면서 끝까지 포기하지 않았다. 덕분에 프로토타입prototype이 개발되었고 어렵게 큰 고객 몇 군데를 확보하면서 시장에서 주목받기 시작했다. 하지만 본인 확인제가 실시되면서 시지온은 위기를 맞았다. 시지온의 두 창업자는 답답했다. 본인 확인제보다는 소셜 댓글을 통해 평판을 중요시하는 우리나라 사람들을 변화시킬 수 있다는 확신이 있었기 때문이다. 국회에도 여러 번 찾아가며 직접 발로 뛰었다. 국회 앞에서 '소셜 댓글의 효과'에 대한 전단지도 나눠주고, 국회의원들과 만남도 가지면서 실효성에 대해 설득하기 시작했다.

젊은 청춘이라 무모하게 도전하는 것이 아니었다. 그들 자신과 개발한 서비스에 대해 확신이 있었다. 열심히 뛰며 '내가 하지 않으면 안 될 것 같다'고 생각했다. 그후로는 국회의원들과 언론사들이 적극적으로 라이브리의 효과에 대해 알리기 시작했다. 관심을 유도하기 위한 기사도 취재하여 보도하고, 관련 국가기관이 주최한 간담회에도 자진 참여해 의견을 발의하는 등 힘을 실어주었다. 댓글을 사용하던 네티즌들도 소셜 댓글에 제한적 본인 확인제를 적용하는 것을 적극적으로 반대하고 나섰다. 그러자 관련 기관은 특단의 조치로 법 적용을 유보하겠다고 발표했고, 이 내용이 9시 뉴스로 방송되기도 했다. 그러면서 시지온의 라이브리 서비스가 갑자기 '러브콜'을 받기 시작했다. 200여 곳의 언론사들이 앞다투어 도입하기 시작하면서 러브콜은 기하급수적으로

!dea Board :)

Share

Vote @ Discuss

Complete

LiveReo

증가했다. 악성댓글을 줄이는 것이 아닌 '선플운동'으로까지 확산되며 시지온의 사례는 외국에서도 주목받기 시작했다.

꿈 의 직 업 으 로 안 내 하 는 나 침 반, 절 실 함

새롭게 만들어낸 시장에서 '가치'와 '이윤'을 추구하는 사업. 돈이 벌리는 일이 아니라 돈도 버는 사업이라고 이야기하는 그녀의 말에 힘이 실린다. 그런데 문득 궁금해졌다. 아이템을 찾기까지, 그전의 동력은 절실함이었다는 말 때문이었다.

그녀와 인터뷰를 하면서 가장 많이 들었던 말, '절실함'. 시지온 26명의 직원 모두 절실했기에 가능했다는 말이다. 스무 살, 무엇이 그렇게 그녀를 힘들게 만들었는지, 말을 잃게 할 정도로 그녀를 괴롭힌 것의 정체가 도대체 무엇인지 사뭇 궁금했다.

"사회와 학교가 조금 더 나에게 스스로를 생각할 수 있는 시간을 줬다면…… 하는 아쉬움이 제일 컸어요. 정해진 길만 따라서 너무 안전하게 온 거죠. 좋은 학교에 가기 위해서 그것만 바라보고 꾹 참아왔는데 막상 대학에 오니 좋은 직장에 들어가기 위해 똑같이 공부하고 있는 거예요. 그래서 죽을 만큼 고민하고 무엇을 하며 살아가야 하는지 치열하게 생각했어요. 그나마 그 절실함을 빨리 느꼈기에 일찍 고민하게 됐고, 지금은 그 고민이 어느 정도 완료됐어요.

한 가지 확실한 것은 내가 돈이 아니어도 무엇을 재미있게 평생 할 수 있는지 찾을 수 있었다는 것이죠. 저는 나도 좋고 남도 좋아서 이 일을 해요. 서비스를 하면서 사회문제 하나를 해결할 수 있어서 좋고, 세상이 변했다는 것을 직접 느껴서 좋아요. 그러니 오랫동안 이 일을 할 수 있을 것 같아요. 그리고 같이 일하는 사람들과 함께하는 게 정말 즐거워요."

　꿈의 직업은 자신이 만들어내는 것이다. 꿈의 직업을 갖고 싶다면 자신에 대한 정확한 이해가 필요하다. 하지만 우리는 나 자신에 대해 이해하려고 노력하기 전에 '명사'로 표현되는 꿈의 직업을 찾으려고 한다.

　밥이 되려면 시간이 필요하다. 쌀을 불리고 솥에 안치고 불 조절을 해가며 적당히 뜸도 들여야 한다. 그 시간을 기다리지 못하고 솥뚜껑을 열면 밥은 설익고 만다. 자기 자신이 진정 어떤 것을 원하는지, 내 인생이 어떤 방향으로 가고자 하는지 불 조절하듯 기다리는 시간을 견디지 못하면 내 인생 역시 설익고 만다.

　다시 한번 강조하지만 직업을 찾기 전에 자신을 이해하는 과정이 필요하다. 더군다나 만약 당신이 가치를 위한 비즈니스 모델을 만든다면 상당히 어려운 일일 수도 있다. 보통의 기업과 달리 일과 이익이 아닌 요소가 더 높은 우선순위가 되기도 하며, 무엇이 먼저인지 뚜렷하게 드러나지 않을 때도 있기 때문이다.

　하지만 현실은 생각하는 것보다 더 쉽게 변할 수 있다. 새로운 방향으로 생각할 수만 있다면 가능성의 기회는 아주 많다. 그 기회가 진짜 내 것이 되려면 더 많은 시간 동안 자신에 대해서 고

민하고 생각하는 투자를 해야 한다. 그것은 절실함으로, 불완전한 모습으로 다가올 수 있다. 어디론가 이동하려는 에너지가 응축된 시기에 올바른 방향으로 목적지를 정하면 이후에는 한번에 달음박질칠 수 있다. 김미균 대표에게는 절실함의 결과가 시지온이었다. 이제 그녀는 또다른 절실함으로 글로벌 기업으로의 새로운 도전을 모색하고 있다.

보통 사회문제에 대해서 많은 이들이 공감하고 분노하고 격정한다. 하지만 대부분의 사람들이 '감정'에서 그치는 데 반해 '행동'으로 옮기는 이들이 있다. 이들의 분노와 열정은 아지랑이처럼 금방 사라지지 않는다. 쓸모 있는 일로 바꾸는 방법을 찾아낸다. 자신의 열정과 현실적인 변화 사이의 균형감각도 유지한다.

세상의 변화 흐름 속에서 지금 당장 뭔가 만들어내기는 어려울 수도 있지만 내가 아니면 아무도 하지 않을 일들에 대해서 생각해보는 것은 어떨까? 당신만이 할 수 있고 당신이 꼭 해야 하는 일이 어딘가에서 분명 기다리고 있을 것이다.

사회적 문제를 새로운 시각으로 다룬
소셜 벤처 아이디어의 시작은?

• **경험 공유 플랫폼 '위즈돔'**_한상엽 대표

"저는 네 가지 기준이 있어요. 첫째, 돈 많이 주나? 둘째, 조직의 비전이 내 비전과 일치하나? 셋째, 내가 그 일을 하면 성장할 수 있나? 내가 그 일을 하면 성장곡선이 꺾이지 않고 완만하게 올라가나? 넷째, 다른 것 없어도 되니 일하는 동료들이 너무 좋아서 행복한가?

내가 잘할 수 있는 것과 이 사회에 있는 문제, 그리고 앞으로 이 사회가 어떤 방향으로 나아갈까가 늘 화두였어요. 그래서 회사를 그만두고 한 달 동안 미친 듯이 도서관에서 공부만 했어요. 지식 공유 플랫폼을 만들자고 생각했을 때 최악의 상황을 떠올려봤어요. 위즈돔이 안 되면 뭘 해야 할까? 회사 그만두고 백수가 되면 뭘 해야 할까? 머릿속에서 그려지잖아요. 근데 실패해도 딱히 잃을 것이 없고 오히려 무조건 남는 사업이에요. 바로 사람들이 제 곁에 남는 거죠. 그래서 도전하게 됐어요."

• **소셜 기부 플랫폼 '위제너레이션'**_문상현 FOUNDER

"창업을 해서 소위 말하는 대박난 친구가 있었어요. 사실 부러웠죠. 그래서 매력 있는 비즈니스 모델을 찾아보자며 아이디어 회의를 계속 했어요. 그러면서 크라우드 펀딩에 대한 이야기를 듣게 됐는데, 그 순간 머릿속에서 번쩍 스파크가 일었어요. 앞으로 사회에 이익을 환원하는 비즈니스 모델이 중점이 되겠다는 생각이 들었죠. 돈을 좀 모으고 해야 하나 하는 생각도 들었는데, 돈을 벌 수 있을지, 벌었을 때 정말 나눌 수 있을지 알 수 없잖아요. 멕시코에 살면서 빈부격차가 사회를 어떻게 변화시켜가는지 겪었는데, 우리 사회 역시 앞으로 이렇게 될지 아무도 모르잖아요. 모든 것의 불확실성이 너무 크다는 생각, 그래서 지금 당장 해야만 된다는 생각이 들었어요."

- 친환경 의류 생산 사회적 기업 '오르그닷'_김방호 대표

"각자의 삶의 처지가 다르잖아요. 돈이 없는 사람, 많은 사람, 많이 배운 사람, 그렇지 않은 사람, 세상에는 다양한 사람들이 있는데 그런 것들이 장애가 되면 서로가 이용해 버리는 세상이 되잖아요. 세상의 많은 차별 때문에 누군가가 더 고통을 받으면 안 된다고 생각했어요.

자신의 관심 분야에서 성취를 이뤄내는 것이 가장 좋다고 생각하는데, 지금은 그 모든 것을 다 '돈'이라는 것에 적용해서 어떤 직업은 돈을 많이 벌고 어떤 직업은 돈을 잘 못 벌고…… 이렇게 위계화되어 있잖아요. 이게 적절하지 않은 것 같아요. 그래서 저는 이런 것에서 자유로운 회사를 만들어보고 싶었어요.

덴마크에 가면 벽돌공과 의사랑 월급이 비슷하잖아요. 벽돌공이 없으면 병원을 만들지 못하잖아요. 사람의 가치를 더 중요하게 생각하는 회사를 만들고, 직원이 얻어갈 보상은 꼭 '돈'이 아니라는 것을 알려주고 싶었어요."

- 함께 성장하고 나누는 참된 배움의 사회를 지향하는 사람들의 모임,
'아름다운 배움'_고원형 대표

"행정대학원에 다니면서 국가를 위해서 일하고, 공익을 위해서 일하라고 들었어요. 그런데 수업이 끝나고 나서 사람들을 보면, 담뱃재 함부로 던지고, 쓰레기 아무 곳에나 버리고, 종이컵 재활용 안 하고…… 일단 이런 모습에서 생각했죠. 내가 관심 있는 건 작은 공익과 작은 민주주의다. 대의를 위해서, 민주주의를 위해서, 나라를 위해서 헌신하겠다 같은 것은 제 관심 영역이 아니었어요. 국민의 삶의 질 향상과 국가경쟁력 제고가 행정대학원의 목표지만 저에게는 작은 실천이 더 중요했죠. 그래서 교육의 불평등을 해소할 수 있는 비즈니스 모델을 만들기 시작했어요."

- 난청문제 해결에 앞장선 보청기업체 '딜라이트'_김정현 대표

"보청기가 얼마나 비싸기에 자식들에게 말씀도 못하실까? 난청 인구는 전국적으로

어느 정도가 될까? 하는 호기심에 조사를 하기 시작했어요. 저는 '행동'하는 것을 먼저 배운 것 같아요. 우리 모두 느끼고 있어요. 부족한 문제들, 내가 어떤 도움을 줄 수 있는지, 그리고 어떻게 개선하면 좋겠다는 방법까지. 대부분의 사람들은 생각만 하고 실제로 행동에 옮기기가 어려웠다면 저는 '행동'하는 것을 습관화시켰어요. 일단 시작하면, 문제점들을 해결하는 방법이 빠르게 나와요. 방법까지 모두 생각하고 움직이려면 이렇게 할 것 많은 세상에서 평생 못할 것 같아요."

Story 2.

나는 '돈만 버는 기계'가 되지 않겠다

일하면 에너지가 소모되는 것이 아니라 오히려 쓰면 쓸수록 에너지가 채워지는 사람들이 있다. 그 비결이 뭘까?

직장생활을 하면서, 학교를 다니면서 멀티플레이어가 되기는 쉽지 않다. 그런데 이들을 만나고 다니면서 어느새 나도 슬슬 이들과 같이 에너지가 넘치고 있었다. 이들을 만나면서 가장 신기했던 것은 똑같이 주어진 24시간을 쪼개 쓰면서, 나와 같이 단 하나의 두뇌를 갖고 있으면서, 어떻게 저렇게 많은 일들을, 그것도 잘해낼 수 있느냐의 문제였다. 그리고 그들이 가지고 있는 놀라울 정도의 에너지! 그 비법이 궁금했다.

그리고 책 『기브 앤 테이크』를 통해 알아낸 사실 한 가지. 이렇게 설명해보자. 예를 들어 간병인들이 병원생활을 힘들어하는 이유는, 환자를 돌보는 데 시간과 에너지를 많이 써서라기보다 도움이 필요한 환자를 자신이 효과적으로 도와주지 못하고 있다고 생각하기 때문이라고 한다. 이것이 간병인이 우울증에 빠지는 가장 큰 요인이라는 것이다.

바꿔 말하면, 내가 만난 이들이 에너지를 끊임없이 재생산할 수 있었던 비결은 그들 스스로 자신이 사람들을 효과적으로 돕고 있다고 생각하기 때문인 것이다. 자신이 하는 일이 미치는 영향력에 대해 직접 경험하는 순간, 모두가 이타적으로 변화한다. 사람들은 자신이 하는 일이 어떤 변화를 일으키는지 알면 더 많이 기여할 힘을 얻는다고 한다.

자신의 본업인 '라이프 A'보다 다른 사람에게 긍정적인 도움을 주는 '라이프 B' 프로젝트를 통해 더 많은 활력을 얻은 사람들, 자신의 분야가 아닌 새로운 분야에서의 일들로 삶의 활력을 얻고, 그것이 나만을 위한 것이 아니라 누군가에게 직접적인 영향을 주는 것을 확인한 사람들. 이것이 이들이 '에너자이저'일 수 있는 이유다.

자신만의 '유쾌한' 방식으로 인생의 Reset 버튼을 누른 사람들의 이야기를 지금부터 함께하자. 우리 주위에서 쉽게 볼 수 있는 사람들의 이야기지만, 평범함 속에서 자신만의 비범한 프로젝트를 진행한 이들의 이야기는 꽤 재미있다.

진정한 보물은
내 안에 있다

서수영_IBM 직원·'자아 찾기 ME 親 방랑 프로젝트' 진행중

1. 이름

서 수영

2. 직업

회사원, IBM

3. 죽기 전에 내 삶을 돌이켜본다면, 어떤 삶이었으면 하는가?

나 스스로도 행복한 삶인 동시에 나와 관계를 맺고 같이 일하고 함께한 사람들이
나와 함께여서 행복했다고 느낄 수 있는 삶이였으면 좋겠습니다.

4. 그것을 위해 나는 어떤 일을 하고 싶은가?

우선은 내 안에 차고 넘치는 행복감을 만드는 모든 것을 성찰하고 실행하는 것.
그리고 이를 바탕으로 장기적으로는 VHP (Very Happy Project for the Very Happy People
on the Very Happy Planet)을 진행할 겁니다. 그 프로젝트가 무엇이 될지, 어떤 사람들과
함께 할지는 아직은 모르지만 분명한 것은 그 여정이 즐거울 거예요!

5. 그 여정에서 나에게 '돈'이란 무엇인가?

이런 일들을 지속 가능하게 하기 위한 필요 조건입니다

6. 나를 일하게 하는 '힘'은?

내 행복과 내가 꿈꾸는 미래, 내가 꿈꾸는 삶, 그리고 나와 함께하는 사람들입니다.
이를 위해 내가 뭔가를 할 수 있다는 설레임, 기여하고 싶다는 마음이 바로 그 '힘'입니다.

7. 나에게 '착하다'라는 것은?

착하다, 나쁘다의 기준은 사람마다 상황마다 입장마다 다를 수 있겠지만, 저는 공감,
감정이입이라고 말하고 싶습니다. 사람에 대한 진정한 공감(sympathy)이 선한
영향력을 발휘하는 출발점입니다.

> 삶은 우리가 무엇을 하며 살아왔는가의 합계가 아니라,
> 우리가 무엇을 절실하게 희망해왔는가의 합계이다.
> _호세 오르테가 이 가세트José Ortega y Gasset, 스페인의 철학자

명함 : 성명, 주소, 직업, 신분 따위를 적은 네모난 종이. 흔히 처음 만난 사람에게 자신의 신상을 알리기 위해 건넨다.

회사 일이 아닌 다른 사람들과의 첫 만남에서 '명함'을 내민다는 것이 만족스럽지 않다. 회사명, 직책, 이름, 주소, 전화번호가 현재의 나를 다 표현해줄 수는 없을 텐데…… 그 명함으로 인사하는 순간, 그것들이 나를 대신한다. '명사'와 같은 삶보다는 '동사'처럼 살고 싶은데, 그런 나를 소개할 방법이 없다.

만약 당신만의 명함을 만든다면 어떤 내용을 적고 싶은가? 어떤 사람으로 나를 소개하고 싶은가? 어떤 삶을 살고 싶은가?

이런 생각들이 꼬리를 물고 이어지면서 그것이 삶의 키워드를 찾는 작업으로 이어진 이가 있다. 그녀는 계속 메모했다. 생

각했다. 사색하며 성찰했다. 그리고 많은 사람들을 만났고, 많은 경험을 했다. 그래서 지금 그녀는 행복하다.

세 상 의   기 준 에 서   완 벽 하 게   성 공 한   커 리 어 우 먼,
그 런 데……

IBM에 근무하는 서수영씨. 13년 차 직장인이다. 과거에 그녀는 불행했다. 하지만 지금은 진정으로 행복하다. 왜? '자아 찾기 ME 親 방랑 프로젝트'를 진행하고 있기 때문이다. 여기서 주목할 부분은 '방황'이 아닌 '방랑'이라는 사실. 방황과 방랑의 차이를 아는가? 방황은 어디로 가야 할지 몰라서 말 그대로 어쩔 줄 몰라 하는 것이고, 방랑은 당장 정해져 있는 무엇인가는 없지만 이것저것 경험해보고 느끼는 것이다.

그동안 보이지 않았던 세상을 보기 위해 스스로 움직이기 위해서 '방랑'하기 시작한 그녀. 그녀는 지금 사상가 찰스 핸디 Charles Handy의 '우리 자신의 발견은 세상의 발견보다 중요하다'라는 말처럼 세상의 발견보다 더 위대한 방랑을 하고 있다. 그녀의 다이어리에 적힌 메모를 보자.

나는 요새 계속 나에게 왜라는 질문을 던진다. 먹을 것이 땡기면 왜 그럴까. 우울하면 왜 그럴까. 머리가 아프면 왜 그럴까. 아침 수영이 가기 싫어지면 왜 그럴까. 체했으면 왜 그럴

진정한 보물은 내 안에 있다   서수영

까, 나에게 일어나는 모든 것에는 이유가 있다. 그걸 통찰하는 과정에서 나는 나를 더 알아간다. 나를 알아가는 과정은 그 무엇보다 중요하다.

서수영씨는 세상의 기준에 완벽하게 맞아떨어지는 성공한 커리어우먼이었다. 그녀의 목표는 오로지 하나, 외국계 회사의 임원이 되는 것이었다. 입사하고 10년 동안 미친 듯이 일만 했다. 멋진 커리어우먼이 되겠노라 다짐하며 노력했고, 잘한다 칭찬받으니 신나서 더 했다. 아침 7시에 출근해서 새벽 1~2시 퇴근은 보통이었다. 코피 쏟으며 일해서 고속승진도 하고, 다른 동료들이 질투할 만큼 뛰어난 성과를 거두었던 수영씨에게는 회사가 전부였다. 일하다가 부모님의 생신 날짜도 깜빡하기 일쑤였고, 일하는 동안 집에서 전화가 오면 짜증부터 났다. 지금 가장 중요한 일을 하고 있는데 일 외의 다른 전화는 어떤 내용이든 중요하지 않았다.

그렇게 사는 것이 너무나 당연했다. 대학을 졸업하고 많은 이들이 꿈꾸는 회사에 들어왔다. 회사에 들어온 후에는 '빅 보스'가 되는 것이 목표였다. 살아남기 위해서, 성공하기 위해서 치열한 경쟁을 하는 것은 당연한 일이었다. 그러던 어느 날, 그녀의 인생을 진지하게 돌아볼 질문을 받았다.

"임원이 되면 뭘 하고 싶은데?"

사장이 되어서, 임원이 되어서 무엇이 하고 싶다, 무엇을 하겠다는 생각이 있어야 답을 할 텐데 그 질문을 받는 순간 멍해졌다. 승진하면 주위에서 성공했다고 그러니깐 그냥 하고 싶은 거였지 구체적인 꿈이 없었다. 더 충격적인 사실은 주변 사람들의 평가. 자신과 함께 일하면 성과가 좋게 나오니 동료들이 자신을 좋아하는 줄 알았다. 우리 팀은 항상 잘되고 잘나가니까…… 못하던 사람도 뛰어난 성과를 거둬 승진하는데 누가 싫어하겠냐는 생각은 착각이었다. 모두 지쳐갔던 것이다.

"행복하지 않다는 거예요. 나랑 같이 일하는 게 행복하지 않다는 말에 충격을 받았어요. 나랑 같이 일하면 성과가 잘 나오니까, 인정받으니까 행복할 거라고 생각했는데, 연초에 팀을 짤 때 저랑 같이 일하는 것을 슬슬 피하는 거예요. 게다가 내가 모시던 분들이 명예퇴직으로 나가거나 다른 전환점을 찾아 나가는 모습을 보면서 고민하기 시작했어요. 승진하면 그 자리에서 무엇을 할 수 있을까, 쉰 살 이후에는 뭘 하고 살까, 좋아하는 것을 찾으면 행복해질까 같은 것들을 생각해봤어요."

세상이 말하는 더 나은 기준을 갖추는 것이 유일한 성공방법인 줄 알았던 그녀는, 회사가 아니라면 무엇을 할 수 있을까 고민하기 시작했다. 그리고 선택한 것이…… 골드미스의 선택! 소개팅이었다.

소개팅 남 : 쉬는 날 뭐 하세요?

서수영 : 저는…… 자요……

소개팅 남 : 그럼 취미가 뭐예요?

서수영 : 딱히 없는 것 같은데……

소개팅 남 : 최근에 무슨 영화 보셨어요?

서수영 : 영화는 대학생 때 보고 안 본 것 같은데……

공통의 주제를 찾지 못하자 입을 다문 남자. 이번엔 그녀가 용기를 내어 말을 걸었다.

서수영 : 은행에 근무하시면 어떤 상품을 개발하세요?

소개팅 남 : 음…… 제가 맨날 회사에서 하는 이야기인데, 이런 내용이 재미있으세요?

서수영 : 현대자동차와 기아자동차는 왜 구매 팀을 합병하지 않는 거예요?

소개팅 남 : 글쎄요…… 회사가 하는 일이라……

소개팅 후 주선자에게 전해들은 피드백은 "무섭다" "잡 인터뷰 보는 줄 알았다"였다. 그녀는 그제야 자신의 삶이 얼마나 무미건조한지 알게 됐다.

'이렇게 나에 대해 모르고 살았다니……'

내가 무엇을 좋아하는지, 무엇을 할 때 가장 즐거운지 지금 바로 이야기할 수 있는 사람이 얼마나 될까? 지금 내가 있는 환경으로부터 벗어나서 혼자 덩그러니 남는다면, 우리는 무엇을 할 수 있을까? 서수영씨는 일이 아닌 다른 활동을 통해 삶을 풍성하게 만들어보기로 다짐했지만, 정작 자신이 무엇을 좋아하는지 알지 못해 난감한 상황에 빠졌다.

'이렇게 나에 대해 모르고 살았다니……'

나에 대해 고민하고 나와 마주한 적이 언제인지 까마득했다. 일단 자신이 언제 행복하다고 느꼈는지, 기쁘다고 생각했는지 여과 없이 적어보기로 했다.

아침에 일어났을 때 온 집 안 가득 퍼지는 커피향, 출근 직전 읽는 책 등 자신을 행복하게 하는 순간들과 사물들을 빼곡히 적어내려갔다. 생각날 때마다 메모하기 시작한 지 6개월이 되어갈

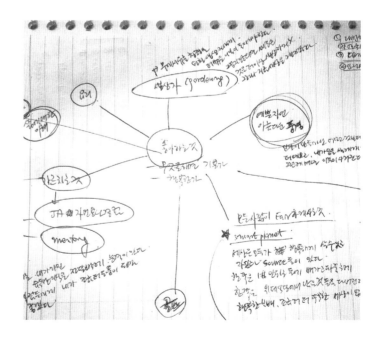

　　　　진정한 보물은 내 안에 있다　　　　서수영

때쯤, 수첩을 쭉 읽어보는데 좋아하는 분야가 구체화되어 나뉜다는 사실을 알 수 있다. 여행 가서 자연풍경을 보는 것, 책 속의 위대한 자연 이야기를 읽는 것, 화초 키우는 것, 요리하고 이야기하는 것, 일에서 효율성을 높이는 것…… 결국 두 가지 키워드로 정리됐다. 환경과 사람.

추상적이나마 자신이 추구하는 삶의 키워드가 나온 것 같았다. 하지만 직접 경험해보고 부딪치기 전에는 진짜로 좋아하는 것인지 확신할 수 없어서 몇 가지 도전해보기로 했다. '자아 찾기 ME 親 방랑 프로젝트'가 시작된 순간이었다.

우선 그녀는 '사람'이 중심이 되는 큰 그림을 그려두었기 때문에, 자신이 닮고자 하는 사람들을 찾기 시작했다. 어떤 삶을 살고 싶은지 방향성을 잡는 데 영감을 줄 수 있는 사람들을 만나기 위해 한 강연장을 찾았다. 행사장의 오거나이저organizer들, 자원봉사자들의 표정이 무척 밝았다. 장동건, 원빈의 외모도 아닌데 그렇게 빛날 수가 없었다. 어떻게 저럴 수 있을까? 무엇이 이들을 저토록 환히 웃게 만들었을까? 광채의 비밀이 궁금했다. 이들과 친해져야겠다는 생각에 오거나이저 명함을 몇 개 집어 들고 집에 오자마자 메일을 보냈다. '이 모임에 꼭 참여하고 싶다. 어떤 일이어도 좋으니 나를 좀 불러달라.'

그렇게 그녀는 TEDxItaewon의 오거나이저로 활동하게 됐다. TEDx는 TED 콘퍼런스를 독자적으로 개최할 수 있는 라이선스를 말하는데, 현재 우리나라에만 80여 개가 있다. 서수영씨는

2012년 1년 동안 새로운 연사를 발굴하며 1000명 규모 행사의 오퍼레이션 역할을 성공적으로 수행했다. 1000명 규모의 행사를 10여 명의 오거나이저가 대행사 없이 자체적으로 준비하고 기획하는 일은 정말 대단한 경험이었다. 약 4개월간 어떤 일을 해야 하는지 결정해주는 사람이 없는 상태에서, 본업이 있는 오거나이저들이 자발적으로 자신이 할 수 있는 일과 시간적 제약, 역량 등을 고려해서 업무를 맡고 책임을 졌다.

서수영씨는 운영 총괄을 맡으면서 자신의 인생에서 첫번째 '투잡'을 뛰게 됐다. 하루에 세 시간 정도밖에 자지 못하는 강행군이었다. 1000명에게 줄 마늘풀을 밤새워 포장하느라 내가 마늘인지 마늘이 나인지 구분이 가지 않을 만큼 고생했던 기억, 리허설에서 입 한 번 제대로 열지 못했던 스피커가 '진정성'으로 청중의 눈물과 감동을 이끌었던 일…… 이 모든 것은 그녀에게 에너지였다. 그렇게 일하면 분명 피곤할 텐데 이상하게도 에너지가 식지 않았다. 모든 것을 주체적으로 하고 자발적으로 하니 매일이 즐거웠다.

대부분의 직장인들은 이렇게 시간을 내서 도전하기가 쉽지 않다. 하지만 자신이 무엇을 하고 싶거나 방향을 찾고 싶다면 해봐야 한다. 해봐야 내가 진짜 좋아하는 것이 무엇인지, 잘할 수 있는 일이 무엇인지 알게 된다. 절실함이 있으면 최대한 집중하는 효율성을 발휘하게 된다. 어느 날 서수영씨의 일기.

사회초년생 때는 인정recognition이 가장 중요한 동기 부여가

됐다. 그러나 인정이라는 것은 참으로 상대적이고 외부적인 것이므로 일하는 동안 행복하지 않았던 것 같다. 그 이후 정신적 성숙기를 거쳐 '자기만족'으로 변화해갔으나 나만의 높은 기준 때문에 완벽주의자의 단점을 온 곳에 뿌려대면서 일했던 것 같다.

그렇게 천방지축, 방황하던 시기를 지나 지금 내가 무엇을 함에 있어 가장 중요한 것은 '기여'이다. 이는 내가 무엇을 하고 싶어하는지에 대한 방향성을 가지게 됨과 더불어 내가 어떤 부분을 잘할 수 있는지도 알았기 때문이다. 또 지금까지 내가 10년 넘게 직장생활하면서 배운 것들을 토대로 누군가에게 조금이나마 도움을 주고 싶었기 때문이다. 이렇게 되고 나니 상대의 평가에 눈치보지 않아도 되고, 결과 위주의 잘해야 한다는 압박감에서도 벗어날 수 있고, 함께하는 사람들이 보이기 시작하고, 즐거움이 많아졌다.

자연을 생각하는 '파릇한 절믄이'들의 모임, 파절이

TEDx 오거나이저로 성공적인 도전을 마친 서수영씨는 바로 두 번째 프로젝트에 돌입한다. 소소한 일상의 행복한 순간을 적어 놓은 목록을 보며 자신이 '자연'을 좋아하고 '환경'에 관심이 있다는 사실을 알았다. 그런데 막상 삶에서 실천할 수 있는 것이 없었다. 방법을 고심하다가 떠오른 아이디어! 바로 도시농부 체험이었다.

도시농부란 도시텃밭에서 직접 재배한 채소를 자전거에 싣고 홍대 지역 레스토랑과 카페에 제공하는 로컬푸드 프로젝트이다. 예를 들어 마포구 광흥창역 근처에 있는 건물 옥상 하나를 빌려서 농사를 짓는다. 심은 씨앗이 뿌리를 튼튼하게 내릴 수 있도록, 상자텃밭 대신 옥상에 무릎 높이만큼 흙도 쌓는다.

'나는 좋아하는 게 별로 없는 것 같아. 그림 그리기를 좋아하는 사람은 아티스트가 되듯이 각자 좋아하는 일을 찾아서 신나게 열정적으로 일하며 살아가는데 나는 뭘 좋아하는 거지? 그냥 다 그런 것 같은데'라고 생각했는데, 좋아하는 것에 대해 사소한 것들까지 써나가고 이것을 카테고리화해서 실제 여러 가지 활동들을 해보니, 결국 모든 것이 연결되어 있었다. 예를 들어 서수영씨가 좋아하는 것, 하고 싶은 것 중 '숨 막힐 듯한 자연을 좋아한다, 뭔가를 생산해보고 싶다, 사람과 함께하고 싶다, 어떤 일에 지속 가능한 엔진을 찾고 싶다'가 있었다. 처음엔 이 모든 일이 다른 영역이라고 생각했다. 그런데 도시농사를 경험하기 위해 청년 도시농사꾼 그룹 '파절이(파릇한 절믄이)'에 들어가고, 함께 농사를 짓다보니 이 모든 일들이 하나로 모아졌다. 어느 날 파절이 멤버 중 일부가 지렁이를 키우는 것을 보고 시험 삼아 키워봤는데 예상보다 잘됐다. 그러다 도시농사에 관심 없는 사람이라도, 지렁이로 음식물쓰레기를 퇴비화하면 환경보호를 할 수 있다는 생각에 '지렁이 키우기 운동'을 추진하기에 이르렀다.

본인이 의식했든 의식하지 못했든 간에 결국 자신이 좋아하는, 하고 싶은, 나를 행복하게 하는 일들이 연결되어 돌아가게 된다. 그러면서 종래에는 하나의 방향으로 모인다. 그렇게 되면 방랑도 서서히 자리를 잡아 한 가지에 집중하는 것이다.

파절이 활동 중 기억나는 에피소드. 파절이에서 텃밭을 만들 때 회원들이 모든 삽질과 못질, 페인트칠을 다 같이 했는데, 서수영씨는 학창시절 이후 그런 막노동을 해본 적이 없었다. 그중 제일 힘들었던 작업은 자갈 몇 톤을 옥상에 올리고 까는 작업이었다. 모두가 차라리 자갈에 묻히고 싶다고 할 만큼 힘들어했으니

나는 착하게 돈 번다

정말 오랜만에 육체노동을 한 서수영씨는 오죽할까. 그날 밤 피곤한 몸을 이끌고 집으로 왔는데 잠이 오지 않았다. 하중검사를 받고 그에 맞게 설계하긴 했지만, 막상 자갈을 올려보니 생각보다 무거운 것 같아서 건물이 무너지면 어떡하나 하는 걱정 때문이었다. 그날 밤 비가 많이 왔는데 건물이 무너질까봐 정말 뜬눈으로 밤을 새웠다.

다행히 그날은 무사히 넘어갔지만, 이후로도 잠들지 못한 밤이 여러 번이었다. 그래도 고생이라는 생각이 들지 않았다. 시간을 쪼개어 일해야 하지만 농사를 지으면서 부모님께 직접 기른 채소를 보내드릴 수 있고, 생산자로서의 기쁨을 만끽할 수 있었다. 그리고 함께하는 이들이 있어 든든하고 그들에게 힘을 얻었다. 이렇게 모여 있는 사람들 사이에서 에너지를 받고 또다른 프로젝트를 찾게 되는 선순환이 이어졌다.

진정한 행복은
소소한 일상에 숨어 있다

잠을 못 자고 일이 많아져도 스스로 에너지를 생산할 수 있는 방법을 아는 사람. 이제 그녀는 에너지를 적절하게 분배할 수 있는 여유가 생겼다. 그리고 무엇보다 중요한 것은 바로 '나만의 스토리'가 생겼다는 사실이다.

IBM에는 2년마다 전 세계 직원 중 100여 명을 선발해 운영하는 'IBM 사회공헌 프로그램IBM Corporate Service Corps'이 있다. NGO나 제3세계 국가에 IBM 직원들이 재능기부 프로젝트를 하고 돌아오는 프로그램이다. 의미 있는 활동이다보니 경쟁률이 엄청 세다. 사실 2011년에도 이 프로그램에 지원했다가 떨어졌다. 에세이에 채울 만한 내용이 없었기 때문이다. '나눔회'라는 사내 봉사동아리 활동을 하긴 했지만, 가고자 하는 동기와 맞물려서 어떤 활동들을 해왔는지 쓸 내용이 없었다.

그러나 2년이 지난 지금은 쓰고 싶은 이야기가 많아 오히려 상당 부분 줄여야 했다. 직장인으로서 10년 이상의 직장생활에서 쌓은 경험 등을 토대로 세상에 적극적으로 기여할 수 있다는 것은 정말 행복한 일이라고 말하는 그녀. 자아 찾기 프로젝트로 그녀의 인생은 한층 풍요로워졌다.

우리는 인생의 새로운 안내자를 원한다. 그런데 그 안내자는 멀리 있지 않다. 내가 행복할 수 있는 방법에 대해 내면에서는 늘 이야기한다. 하지만 내면의 조용한 목소리는 여러 가지 상황 때문에 힘을 잃어 듣기 어려울 수도 있다. 그러므로 더 가까이 귀를 기울여야 한다. 내가 진짜 누구인지, 무엇이 나를 행복하게 하는지 진실을 말해달라고 해야 한다. 진정한 보물은 내 안에 있다.

진정한 보물을 찾기 위한 과정은 다양한 모습으로 나타날 수 있다. 만약 조금 색다른 방법을 원한다면 당신의 경계를 넘어 다른 인생 프로젝트를 실행할 수 있다. 대부분의 사람들이 창조적인 사람이 되고 싶어한다. 여기 재미있는 실험이 있다.

싱가포르 경영대학의 안젤라 렁Angela Leong 연구 팀은 가로 세로 1.5미터짜리 상자를 가지고 창조성에 대한 비밀을 밝혔다. 실험에 참여한 이들을 나누어 일부는 그 상자 안에서 웅크려 있게 하고, 일부는 상자 밖에 있게 했다. 또다른 실험에서는 일부는 직선으로만, 나머지는 곡선으로 자유롭게 움직이게 했다. 그러고 나서 실험에 참가한 이들에게 창조적인 과제를 내주었다. 그 결과, 상자 밖에 있던 사람들과 곡선으로 자유롭게 다닌 이들이 더 높은 점수를 얻었다. 자유로운 행동이 창조성에 긍정적인 영향을 준 것이다.

자, 그럼 부담감을 내려놓고 나의 일상을 들여다보자. 아침에 눈을 뜨고 가장 먼저 무엇을 하는지, 어느 순간 행복을 느끼는지…… 소소한 일상의 기억을 정리하다보면, 우리가 쉽게 하고 있었던 이타적인 행동도 발견하게 되고 자신의 관심사가 어느 쪽으로 집중되어 있는지도 알 수 있다.

위대한 사상가, 철학가, 명상가 들이 행복에 관해서 했던 말들을 보면, 모두가 행복이란 밖에서 오는 것이 아니라 안에서 생겨난다고 강조한다. 진짜 행복은 소소한 일상에 속속들이 숨어 있다. 나에게만 있는, 내 안에 있는 행복을 찾아보자.

서수영이 제안하는 소소한 자아 찾기 방법

첫째, '수동형'이 아닌 '능동형'을 사용하자.

제가 생각하는 '나'를 찾는 현실적이고 구체적인 방법은 자기 자신에 대해 '보인다' '들린다' '느끼고 있다' 등의 수동적인 태도가 아닌 '본다' '듣는다' '느낀다'와 같은 능동적인 태도를 가지는 것이에요. 그러기 위해서는 끊임없이 나에게 질문을 던져야 해요. 아주 사소한 것이라도 내게 지금 부정적 혹은 긍정적인 영향을 미치는 것이 있다면 그에 대해 '왜?'라는 질문을 던지는 것이죠.

저는 한때 네다섯 살짜리 꼬마가 엄마에게 질문하듯이 저 자신에게 질문을 했던 것 같아요. 그래서 스스로 '너 참 피곤한 성격이다'라고 생각하기도 했죠. 아주 사소한 것이라도 계속 물어보세요. 본인에게 말이에요. '그냥 기분이 좀 좋지 않네' '몰라. 요새 좀 피곤한가봐'라는 말을 자주 하잖아요. 하지만 이유가 없는 감정이나 기분은 없어요. 모든 것에는 과정과 이유가 있거든요.

한 가지 중요한 것은 '왜?'라는 질문에 금방 답을 찾으려 하기보다는, 떠오르는 생각들에 대해서도 계속 '왜?'라는 질문을 해보는 것이에요. 그렇게 계속 '왜'라는 질문을 가슴속에 품고 있으면 맨 마지막에 나오는 것이 있어요. 그게 진짜 이유인 거죠. 진짜 내 마음에 있는 것.

둘째, 오직 자신에게만 집중하는 시간을 만들자.

매일 혹은 매주 일정한 시간을 정해놓고 그 시간 동안 자신에 대해 생각하고 정리하는 자리를 가지는 것을 추천해요. 대부분의 사람들이 직장에서든 집에서든 혼자 조용히 앉아 생각하는 시간을 가지기가 쉽지 않죠. 때문에 규칙적이고 강제적으로 일정 시간을 할애하는 것이 필요해요.

저의 경우는 매주 수요일 저녁 한두 시간을 비워두어요. 커피숍에 갈 때도 있고 사무실의 빈 미팅 룸에 앉아 있을 때도 있죠. 이렇게 시간을 정해놓으면 주로 그 시간에는 생각한 내용을 정리해서 메모하게 되더라고요. 그렇게 되면 생각들이 휘발되지 않은 채 쌓이고 쌓여서 깊어지고 발전하게 됩니다.

질문하고 대화하고 생각하고 정리해서 친해지세요, 자신과! 그리고 실행해보세요!
'나'를 찾는 일은 '길'을 발견하는 일이고, 결국 '인생의 방향'을 정하는 일이 될 수 있답니다.

금요일 저녁이 아쉽고,
월요일 아침이 설레는 삶

신학철_넥서스 직원·꿈을 짓는 재단 대표

1. 이름

신 학 철

2. 직업

꿈을 짓는 재단 회장 (주)넥서스 출판기획자

3. 죽기 전에 내 삶을 돌이켜본다면, 어떤 삶이었으면 하는가?

사람들에게 꿈과 희망이 되는 좋은 이야기를 선물하고,
한 사람의 인생을 나아가 세상을 아름답게 만들고자 노력했던 삶

4. 그것을 위해 나는 어떤 일을 하고 싶은가?

프랜차이즈 비즈니스를 통해서
전 세계 5만 개의 도서관을 만들어 좋은 이야기를 선물하는 것

5. 그 여정에서 나에게 '돈'이란 무엇인가?

돈은 '똥'이다.
쌓이면 악취를 풍기지만 뿌리면 거름이 되는 것

6. 나를 일하게 하는 '힘'은?

나의 소중한 '꿈'

7. 나에게 '착하다'라는 것은?

깨달음을 얻기 위해 수련하며 올바른 신념과 가치를 설정하고
꿈을 위해 도전하며 영웅적인 인내심을 발휘하는 것.

"저는 성공한 사람입니다. 하지만 제가 생각하는 성공은 남들과 다를 수 있습니다. 제 성공의 기준은 매우 단순합니다. 금요일 저녁이 아쉽고 월요일 아침이 설레면, 성공입니다. 하지만 저 혼자의 성공은 반쪽짜리 성공이라고 생각합니다. 그래서 전 세계 모든 사람들을 성공시키는 것이 제 비전입니다."

일하는 것이 기뻐서 미쳐 날뛸 정도로 신난다는 사람, 출판사 넥서스의 직원이자 '꿈을 짓는 재단' 대표인 신학철씨다.

그는 새벽 6시에 회사로 뛰어간다. 회사에 가는 것이 너무나 신나서, 일할 생각에 기분이 좋아서…… 잠깐만 스치더라도 강한 에너지가 느껴지는 그의 별명은 '미친놈'이다. 어릴 적에도 학창 시절에도 지금도 그렇다. 자신이 하고 싶은 일을 하는 그 시간이 모두 노는 시간으로 다가온다니, 일반적인 기준에선 '미친놈'으로 보일 만도 하다.

'이 상 하 다,
돈 이   있 는 데   왜   행 복 하 지   않 지?'

사실 그를 알게 된 것은 정말 우연이었다. 미팅을 갔다가 잠깐 머물게 된 사무실에서 인사를 나누었고, 평범한 회사원이라고 생각했다. 그리고 며칠 뒤 전화가 왔다. 내가 메고 다니는 검정 배낭이 너무나 궁금하다고 했다. 정장 차림에 스포티한 배낭을 메고 다니는 내 모습이 신기했단다. 사실 나는 어떤 옷을 입든 배낭을 메고 다닌다. 핸드백을 버리고 '학생들처럼' 배낭을 메기 시작한 뒤로, 짐이 아무리 무거워도 몸이 가볍게 느껴졌다.

며칠 뒤 그와 함께한 점심식사는 맨땅에 헤딩해서 뭔가를 만들어내는 것이 무엇인지를 제대로 알게 해준 시간이었다. 그는 직장을 다니면서 네팔에 도서관 1호점을 지은 것을 시작으로 2013년 인도에 2호점을 만들었다. 그리고 군포에 3호 도서관을 짓고 있다. 직장인이자 꿈을 짓는 재단이라는 비영리단체의 대표로 일하면서, 책과 강연을 통해 세상에 아름다운 이야기를 전파해서 모든 아이들에게 '꿈'을 만들어주고 싶다는 당찬 청년이다. 그의 명함에는 '책을 선물하는 남자'라고 적혀 있다. 그는 왜 이렇게 책에 모든 것을 걸게 됐을까? 시간은 과거로 돌아간다.

빌 게이츠의 『미래로 가는 길Road Ahead』을 읽은 고등학생 신학철은 침대에 누워도 도통 잠이 오지 않았다. '어떻게 하면 나도 사업을 할 수 있을까?' 지하철역 주변에서 의류를 팔고 있는 아저씨가 생각났다. 등교할 때 보면 그 아저씨 주변에는 많은 사람들이 몰려 있었고 그의 손에는 많은 현금이 들려 있었다. 그런데 여기서 중요한 것은 그 아저씨가 얼마 전부터 그 장소에 나오지 않는다는 사실이었다.

새벽에 벌떡 일어나 컴퓨터를 켜고 의류 도매정보를 조사하고 동시에 일기장에 앞으로의 계획을 적었다. 그날 일기는 그의 인생 최초의 사업계획서였다. 다음날 반에서 가장 적극적이고 활발한 친구 두 명을 불러서 사업계획을 설명했다. 친구들은 시간 낭비라며 차라리 그 시간에 아르바이트를 하자고 설득했다. 하지만 포기할 수 없었다. 쉬는 시간마다 빌 게이츠의 사례를 들어가면서 끈질기게 친구들을 설득했다. 시간당 2500원의 급여를 약속하고 물건이 팔릴 때마다 수익의 10퍼센트를 주기로 했다. 파격적인 조건이지만 친구들의 능력을 믿었기에 모험을 걸어보기로 했다.

역시 친구들의 능력은 대단했다. 워낙 성격이 활발한 친구들이라 도매로 사온 티셔츠를 돗자리에 풀기 무섭게 소리를 질렀다. 지나가는 사람들도 어린 학생들의 모습을 주시하기 시작했다. '역시, 이건 대박 아이템이었어!' 그런데 시간이 흐를수록 뭔가 이상했다. 관심을 보이는 사람들은 많지만 정작 물건을 구매하는 사람들은 없었던 것이다. 사람들은 팔고 있는 옷보다는 어린 나이에 장사를 하는 그들에게 관심을 보일 뿐이었다. 그래도 포기하지 않았다. 학교가 끝나면 큰 가방에 옷을 넣어가지고 여기저기 돌아다니면서 팔았다. 그러나 제품은 팔리지 않았고 재고는 점점 쌓여갔다. 그렇게 늘어나는 재고처럼 친구들의 불만도 쌓여만 갔다.

어떡하면 좋을지 막막해하는데 산타 옷을 입고 홍보하는 내레이터 모델을 보며 퍼뜩 아이디어가 떠올랐다. '그래! 바로 이거야! 성탄절 시즌이니까 일반 의류가 아닌 산타 의류를 파는 거야! 돈을 번다는 생각을 하지 말고 길거리에서 공연한다는 생각으로 신나게 한번 놀아보자!' 즉시 산타 의류를 도매로 떼어다 팔았고, 친구들은 머라이어 캐리의 캐럴에 맞춰 춤을 추기 시작했다. 그러나 결과는 참담했다. 단 한 개도 팔리지 않았다. 하지만 이상한 점이 있었다. 실패했는데도 즐거웠다. 돈보다 더 소중한 젊은 날의 '경험'이었다.

이 경험은 신학철 대표를 빚쟁이 청년으로 만들었다. 그래도 빚쟁이 청년은 멈추지 않았다. 희귀한 게임기를 모아서 다시 파는 전략으로 고등학생 때 진 빚 135만 원을 다 갚은 뒤, 새로운 사업을 찾아 헤맸다. 덕분에 대학에 입학해서는 온라인 명품 판매로 큰 수익을 얻는, 늘 양복을 입고 등교하는 새내기로 나름 유명세를 떨쳤다. 그의 좌우명 '불광불급不狂不及'처럼 미친 듯이 열심히 살았다.

그런데 이상했다. 열심히 살았는데…… 많은 친구들이 부러워하는데…… 돈을 벌면 벌수록 허무했다. '이상하다. 돈이 있는데 왜 행복하지 않지?' '내가 왜 돈을 벌고 있지?'라는 생각이 순간순간 고개를 쳐들었다. 돈은 있었지만, 이 돈으로 무엇을 하고 싶은지 '꿈'이 없었던 것이다.

"말을 멈추고 행동하라.
모든 것을 고려하면 아무것도 할 수 없다"

비가 오는 주말, 그는 아무 일도 하지 않고 곰곰이 생각만 했다. 그리고 초심을 찾기 위해서 지난 일기를 살펴보는데 고등학교 때 산타 의류사업을 하면서 적은 글귀가 눈에 들어왔다.

'내가 어린 나이에 사업을 하는 것은 돈을 벌기 위해서가 아니다. 버는 돈의 최소한만 용돈으로 쓰고 나머지는 모두 경험에 투자한다. 그것이 내가 빌 게이츠가 될 수 있는 방법이고 인생을 열정적이고 행복하게 사는 방법이다.'

그는 새로운 변화가 절실했다. 오랜만에 예전 일기를 보니 빌 게이츠에 대한 이야기가 참 많았다. 그럴 수밖에 없는 것이 빌 게이츠로 인해서 인생의 터닝 포인트를 만났고, 어린 나이에 지하철역 앞에서 사업을 할 수 있는 용기를 얻었다. 빌 게이츠는 꿈에도 자주 등장할 만큼 그의 롤모델이었다. 그 순간 머릿속에 번쩍하고 강렬한 것이 떠올랐다.

'그래! 2005년엔 빌 게이츠를 만나고 오는 거야! 미국 일주를 하면서 책과 인터넷으로만 보던 세계적인 기업도 견학하자. 마지막으로 마이크로소프트에 가서 빌 게이츠를 만나고 오는 거야!'

그 어느 때보다 기가 막힌 도전이었다. 갑자기 숨이 턱밑까지 차올랐다. 그리고 가슴이 두근거렸다.

며칠 후 미국 일주의 큰 계획을 잡고 친구들을 만나 몇 달 동안 떠난다고 선언했다. 그리고 떠났다. 6개월 동안 여행을 하면서 하루 2달러로 버텼다. 신기한 것은 정말 숱한 고생을 하는데도 무척 행복했다. 방문하기 전 해당 기업의 스토리를 모두 읽고, CEO의 철학과 비전을 알고 난 뒤 찾은 미국의 최고 기업들은 그저 건물을 보는 것만으로도 감동을 느끼기에 충분했다.

그때 깨달았다. 좋은 이야기는 '꿈'이 된다는 사실을. 그의 삶에 비로소 꿈이 생긴 순간이었다. 좋은 이야기를 세상에 전파하는 비즈니스를 통해서 모든 사람들에게 꿈을 심어주기로 다짐했다. 돈을 아끼기 위해 매일 사 먹었던 햄버거 브랜드 맥도날드처럼, 프랜차이즈 시스템을 이용해서 3만 5000개의 맥도날드보다 더 많은 도서관을 전 세계에 짓자는 포부를 품었다.

미국에서 돌아오기 전 마이크로소프트 본사에 10년의 버킷리스트가 들어 있는 타임캡슐을 묻었다. 사실 그는 목표와 꿈이 없었던 중학교 시절에는 반에서 꼴등에 가까웠는데 이렇게 살면 안 되겠다는 생각에, 고등학교 진학 전 희망하는 대학교와 여러 목표가 적힌 메모를 타임캡슐에 넣어서 뒷동산에 묻은 전력(?)이 있다. 구체적인 목표를 정한 덕분인지 이후 공부에 매진해 목표했던 대학보다 좋은 대학교에 합격할 수 있었다. 타임캡슐의 힘을 믿기에 그는 미국에서 또다시 시도한 것이다. 5만 개의 도서관 만들기! 그의 버킷리스트 첫번째 항목이었다.

미국에서 돌아와 학교생활과 ROTC 생활을 병행하면서 더불어 자판기사업으로 안정적인 수익을 내며 여전히 비즈니스맨과 학생이라는, 두 가지 삶을 열심히 살아갔다. 그리고 동시에 버킷리스트를 하나씩 실천하기 시작했다.

'5만 개의 도서관 짓기 프로젝트'를 위해 그가 가장 먼저 한 일은 이미 그 일을 시작한 사람들의 책과 자료를 찾는 것이었다. 처음 읽은 책은 『히말라야 도서관Leaving Microsoft to change the world』. 룸투리드Room to Read 재단의 설립자이자 CEO인 존 우드 John Wood의 이야기이다. 존은 마이크로소프트 중국지사에 근무하던 시절, 히말라야 트레킹중 조악한 시설의 학교와 도서관, 흙바닥에서 공부하는 아이들을 보고 자신의 열정을 제3세계 교육·자선사업에 쏟기로 결심한다. 그 결과 존 우드는 현재 도서관 1만 5000개와 학교 1500개를 세운 입지전적인 인물이다. 그 책에서 존 우드는 말했다.

"말을 멈추고 행동하라. 세상을 바꾸기 위해 뭔가 하고 싶다면 생각만 하지 마라. 뛰어들어라. 현실적으로 모든 것을 고려하면 아무것도 할 수 없다. 반대 의견이 당신을 집어삼키도록 절대로 놔두지 마라."

이 문구를 보고 충격을 받은 신대표는 '실행'에 대한 절실함을 느꼈다. 어릴 적부터 실행이라면 남부럽지 않았지만 도서관 짓기 프로젝트는 너무나 무모해 보여 살짝 겁나기도 했다. 하지만 두려워하고 있을 수만은 없는 노릇이었다. 일단 경험자를 찾아 조언을 듣기로 했다. 오지에 1000개의 도서관 설립을 목표로 현재 17개의 도서관을 만든 사진작가 김형욱씨에게 전화를 걸었다. 김작가는 그에게 네팔 현지에서 도움을 줄 만한 사람을 소개해줬다. 덕분에 아무런 정보도 없는 상태에서 그곳의 현실을 상세히 알게 됐고, 현지에서 도움을 얻을 사람까지 구했다. 신대표와 친구 두 명은 무작정 카트만두행 표를 끊었다.

구체적인 계획 없이 한 달 조금 넘는 기간을 정해두고 네팔로 떠난 그들에게 많은 사람들은 부정적인 시선을 보냈다. 도서관을 만들어도 관리가 되지 않아 책이 분실되거나 곧 문을 닫는 경우가 많다는 우려, 기존의 NGO들도 그 실상을 알면서 보여주기식 사업을 하고 있다는 지적이었다. 대부분의 NGO들은 힘든 환경에서도 진정성을 가지고 열심히 봉사하지만, 일부 퇴색된 NGO들과 오로지 스펙을 쌓기 위해 해외봉사에 참여하는 대학생들이 많다며 너희도 그런 것 아니냐고 질책하는 사람도 있었다.

또한 본질적으로 '과연 책이 아이들에게 좋은 영향을 줄 수 있을까? 책보다 당장 필요한 것을 주는 것이 맞지 않을까? 네팔 사람들은 기부를 받는 것에 너무 익숙해서 오히려 이러한 도움이 자립심을 심어주는 데 안 좋은 영향을 주는 것은 아닐까? 네팔 아이들은 이미 한국 아이들보다 행복지수가 높은데 도와주는 것이 과연 의미 있을까?' 같은 현지인들의 의견을 듣고는 딜레마에 빠지기 시작했다.

질문에 대한 답을 찾지 못한 채 1호 도서관을 지으러 카트만두에서 열세 시간을 더 가야 하는 바스카르카라는 산속의 작은 마을을 찾아갔다. 그 동네에서도 가장 생활이 어렵고 천대받는 불가촉천민(달리트)의 자녀들이 다니는 초등학교의 창고를 개조해서 도서관을 만들기로 했다. 현지인의 도움으로 네팔 아이들에게 꼭 필요한 책과 학용품을 저렴한 가격에 구하고, 수천 권의 책을 카트만두에서 바스카르카까지 자전거, 버스, 지프를 이용해 공수했다. 거의 1박 2일이 걸렸다.

비포장도로를 달리는 위험하고 험난한 작업이었지만 차에 가득 실린 좋은 책을 선물할 수 있다는 생각에 그 누구도 불평이 없었다. 그렇게 바스카르카에 도착했을 때 동네 주민들이 반갑게 맞이해주고, 어린아이부터 어른까지 모두 나와 책을 날랐다. 이후 산속의 교장선생님 집에서 20일 가까이 지내면서 도서관을 만들기 시작했다.

재미있는 일도 있었다. 매일 아침 크게 울던 닭들이 그들이 한국으로 돌아오기 전까지 전혀 울지 않았다는 사실. 장모님이 사위에게 씨암탉을 잡아주시는 것처럼 바스카르카에서도 그 동네에서 가장 귀한 식량인 닭들을 '한국에서 온 고마운 손님들'에게 한 마리씩 잡아주셨던 것이다. 닭이 한 마리 줄어들 때마다 도서관 완공이 가까워왔다.

바스카르카에 최초의 도서관을 개관하는 날 수백 명의 마을

사람들이 히말라야가 보이는 오지의 작은 학교에 모였다. 집에서 따온 순딸라(귤)와 야생에서 직접 얻은 꽃으로 집집마다 목걸이를 만들어 신대표 일행의 목에 걸어줬다. 그리고 비록 넉넉하지는 않지만 큰 가마솥에 밥을 지어 마을 사람들과 나눠 먹었다. 난생처음 접하는 책을 보고 좋아하는 아이들을 바라보며 그 자리에 모인 모두가 뜨거운 눈물을 흘렸다.

1호 도서관을 짓고 한국으로 돌아오는 길, 마음은 보람으로 가득 찼지만 여전히 책의 필요성에 대한 의문은 풀리지 않았다. '정말 그들에게 도서관을 지어주는 일이 의미 있을까? 그들은 책이 없어도 이미 충분히 행복해 보였는데……'

고민에 빠져 있다 시선을 돌리는데 문득 비행기 옆좌석에 앉은 사람이 눈에 들어왔다. 40대 정도로 보이는 여성이었다. 어 떤 일로 네팔에 다녀오는지 궁금해서 말을 건넸다. 그녀는 작은 NGO을 운영하며 무려 20년 동안 도서 지원사업을 하고 있다고 했다. 신대표는 지금까지 머릿속에서 물음표를 떠올렸던 모든 질문을 쏟아내기 시작했다. 그녀는 웃으면서 같은 고민을 20년 넘게 했고 지금도 하고 있다고 답했다.

"아직 결론은 못 내렸어요. 하지만 제가 20년 넘게 이 일을 하면서 깨달은 것은, 네 살이 넘으면 남들과 비교하는 인지가 생기는데 그때부터 불행이 시작된다는 거예요. 네팔도 공항과 길이 생기면서 점점 산업화되고 있고 실제로 길이 있는 마을 주민들은 길이 없는 곳의 주민들보다 불행한 삶을 살고 있다고 해요. 즉 자신이 생각하는 이상은 높은데 현실이 낮을 때 그 이상과 현실의 차이를 극복하지 못해서 불행이 발생하는 거죠. 그 차이를 바람직하게 정렬해주는 작업이 필요한데, 그 역할을 책이 해줄 수 있다고 믿어요."

이미 앞서 길을 걸어간 선배의 이야기는 역시 깊이와 울림이 있었다. 연신 고개를 끄덕이며 경청하는 신대표를 보고 미소를 지으며 그녀가 말을 이었다.

"그리고 도서 지원사업에서 제가 가장 중요하게 생각하는 것은 바로 책을 선정하는 일이에요. 네팔 아이들이 읽어야 할 책은, 자신을 발견하고 사랑할 수 있게 돕는 책, 타인을 건강하게 이해하고 수용하게 하는 책, 공동체와 세계에 대한 사실을 인식하게 하는 책들 아닐까요? 즉 네팔 어린이들은 국가 전체에 흐르는 가난한 국민으로서의 열등감을 극복하고 자기의 공동체를 건강하게 만드는 상상력을 키워주는 책이 필요할 것 같아요. 무조건 책을 읽게 하는 것보다 그들에게 필요한 책을 고민해서 전하는 작업이 중요할 것 같네요."

이야기가 마무리되면서 연신 감사인사를 하는데 갑자기 그녀가 물었다.

"한국에 가면 가장 먼저 무엇을 하고 싶으세요?"

"아…… 선생님이 아까 추천해주신 책을 읽고 싶습니다."

"그것 보세요. 그래서 책을 선물해주는 일이 가치 있는 것입니다."

신대표가 다녀온 후 네팔 바스카르카에서는 수업시간의 일부를 독서시간으로 만들어 '꿈을 짓는 도서관'에서 책을 읽게 하고 있다. 이렇게 도서관을 만든 후 마을을 우연히 들른 분들이 감동받아 연락을 주기도 하고 새로운 책과 학용품을 기부하는 등, 그가 심은 작은 싹이 점점 자라나고 있다.

네팔의 아버지들은 대부분 한국에서 일하고 싶어한다. 이미 한국에 온 주민도 있어서 가끔 만나 식사를 하는데 고향과 가족에 대한 그리움이 상당히 크다. 김포에서 칫솔공장에 다니는 '어멀'은 한국에 온 뒤에야 부인의 임신 소식을 들어 얼마 전에 태어난 아기 얼굴도 아직 보지 못했다고 한다. 그럼에도 불구하고 가족들과 떨어져 한국에서 힘들게 돈을 버는 이유는 단 하나, 바로 자식들이 자신보다 좋은 환경에서 살게 하고 싶은 부모의 마음

때문이다.

　마을의 작은 도서관이 그 마을을 갑자기 변화시키기는 힘들 겠지만, 하나의 좋은 이야기가 한 사람의 인생을 바꾸듯이 책을 읽고 자란 아이들은 분명히 더 넓은 세상을 알아가고 다양한 꿈을 꾸고 또 이루어갈 것이라고 믿는다. 그 아이들이 부모가 되었을 때 타지로 돈을 벌러 가지 않아도 자국에서 가족들과 함께 꿈을 이루어갈 수 있는 행복한 세상을 만들 수 있다고 신대표는 확신한다.

네팔에서의 경험을 토대로 신대표는 도서관을 준비하는 과정을 매뉴얼화해 2호점을 짓기로 했다. 네팔의 1호점 때와는 상황도 많이 바뀌었다. 기적적으로 재단을 후원해주는 회사도 만났고, 그렇게 좋아하는 책을 만드는 출판사에 특채가 되어 직장생활을 하게 된 것이다. 회사에 다니는 그를 대신해서 도서관을 지을 많은 친구들도 생겼다.

　매달 다양한 행사를 통해 2호점 설립을 위한 경비를 모았다. 특히 2012년 연말에는 인도 아이들을 위한 봉사단체 '빵크'와 함께 자선파티를 진행했다. 입장료, 연사의 책 경매, 책 판매, 도자기 판매, 사진 판매, 기부 등 파티의 모든 수익을 인도 아이들을 위한 도서관을 만드는 데 쓸 목적으로 마련한 행사였다. 미니 강연회, 연사와의 만남, 유명 작가의 인도 사진전, 좋은 음악, 맛있는 음식을 준비하긴 했지만 '설마 많이 오겠어?'라는 생각에 100명 정도 함께할 수 있는 카페를 대관했다. 유료 파티에다 연말이라 사람들이 많이 오지 않을 줄 알았는데, 예상과 달리 200명 넘는 사람들이 몰리는 바람에 자리가 부족했다. 자리가 없어서 발길을 돌리는 사람들도 많았지만, 누구 하나 불평하지 않았다. 오히려 '사람들이 많이 와서 다행'이라는 응원과 함께 기부금만 전해주고 가는 사람이 더 많았다. 사정이 있어 직접 오지 못한 사람들은 기부금을 입금했다. 이렇게 해서 도서관 2호점을 지을 금액이 모아졌다.

"저희는 아이들의 불쌍한 모습을 보여주고 값싼 동정심을 유발하는 게 아니에요. 아이들의 꿈을 보여주며 사람들의 관심을 모으고, 그 꿈을 후원할 멋진 사람들의 자발적인 도움을 받는 것입니다."

꿈을 짓는 재단 그리고 빵크의 회원은 각자의 사비를 털어서 인도로 향하는 비행기표를 끊었다. 파티를 통해서 모은 기부금은 온전히 도서관에만 쓰고 싶었기 때문이다. 이렇게 새로운 '시작'을 했고 결국 인도의 꿈을 짓는 도서관 2호점은 네팔의 1호점보다 더욱 성공적으로 만들 수 있었다. 그리고 지금 신대표는 군포에 자신이 평생 살 집을 지으며 일정 공간을 주민을 위한 도서관으로 만들고 있다.

그는 자신을 '미친놈'이라고 소개한다. 이야기를 통해 꿈을 갖게 됐고, 책을 통해 꿈을 이루고 있다. 꿈을 실현하기 위해 그는 무작정 출판사의 문을 두드렸다. 좋은 책을 만들겠다는 다짐이었다. 일이 너무 신나서 월화수목금토일, 일주일 내내 새벽 5시에 기상해서 6시까지 회사로 신나게 뛰어간다. 자신이 가진 모든 에너지를 쏟아붓고 좋은 결과들을 만들어내, 3년 후에는 연봉 3억을 요구할 거라는 당찬 청년이다.

버킷리스트를 하나씩 이루어가는 청년. 그는 이미 자신은 성공했다고 이야기한다. 이루는 것은 생각보다 어렵지 않다고도 한다. 자신이 성공했다고 당당히 이야기할 수 있는 사람이 과연 얼마나 될까?

"성공이 힘들 것 같다고요? 전혀 문제 될 것 없습니다. 생각이 실행으로 연결되는 순간, 그 가치는 상상 이상이 된다고 믿어요. 그 기적의 순간을 꿈꾸며 금요일이 아쉽고 월요일이 설레는 삶을 살고 있기 때문에, 저는 이미 성공한 사람입니다."

신학철 대표와 법륜 스님이 주고받은 대화, '좋은 책이란?'

신학철 : 제 꿈은 전 세계 어린이들이 책을 볼 수 있는 세상을 만드는 것입니다. 그래서 네팔에 가서 작은 도서관을 만들고 왔습니다. 그 일을 하면서 많은 고민을 했는데 그중 하나가 '과연 좋은 책이란 어떤 책일까?'라는 고민이었습니다. 스님께서 생각하는 좋은 책이란 어떤 책인가요?

법륜 스님 : 마음에서 우러나오는 책, 자기가 직접 경험해서 우러나온 책, 이런 건 다 좋은 책이라고 말할 수 있어요. 자기가 궁금해야 돼, 자기 것이어야 돼. 좋고 나쁜 게 없어. 통찰력이 생기려면, 자기로부터 출발, 자발적이어야 됩니다.

부처님이 새를 보고 궁금한 게 있었는데, 아무도 답을 못해주는 거야. 이 세상에는 어떻게 하면 내가 살 건가 하는 것만 있지. 그래서 고민했어요. 그렇게 문제제기를 하기 시작하니까, 사람이 왜 늙지, 왜 병들지, 왜 죽지⋯⋯ 이런 게 다 의문이 된 거예요. 왕이 되는 것도 의미가 없어요. 그래서 왕위를 버리고 출가해서 수행을 했고, 많은 스승에게 질문했지만 아무도 답해주지 않았어요. 그래서 혼자 터득한 거죠.

그러니까 책은,

❶ 자발적이어야 합니다. 근데 학교교육은 자발적이지 않아. 지혜가 안 생깁니다. 지식만 있지.

❷ 집요하게 탐구해야 합니다. 이게 선정禪定이야.

❸ 어느 순간 전모가 확 보입니다. 이걸 통찰력이라고 그래요, 이걸 지혜라고 그래. 이건 지식과 성격이 다릅니다. 옛날 말로 문리가 터졌다고 그래요. 자동차를 연구하는 사람은, 나중에 시동 걸어서 소리만 들어도 뭐가 문젠지 다 아는 거야. 의료 행위도 그래. 열심히 탐구하면, 얼굴색만 봐도 알아요. 80퍼센트는 알아. 20퍼센트는 진찰을 하면서 확인하는 거야. 책도 자기로부터 나온 것이어야 돼. 잡다한 지식은 중요한 게 아닙니다. 남의 논문 갖다 박사 하는 게 중요한 게 아니에요. 김치를 요리조리 만들어

연구하는 사람, 이런 사람이 오히려 박사야. 창조성이 있는 거죠.

❹ 제일 중요한 건 우주에 대해서 알아야 돼. 우주에 대해 궁금해하고, 운행, 질서, 원리에 대해 알아야 됩니다. 물질세계의 기본 구성에 대해 알아야 돼요. 우주, 미시, 거시 세계가 사실은 다 똑같습니다.

❺ 생명세계를 알아야 합니다. 생명의 원리를 기본적으로 이해해야 합니다. 누가 사람을 만들었다, 이런 허무맹랑한 얘기 갖고는 안 됩니다.

❻ 인류문화사를 공부해야 합니다. 구석기, 신석기뿐만 아니라 왜 4대문명이 건조지대에서 출발할 수밖에 없었는지, 이집트, 에게, 그리스, 로마, 게르만 같은 문명이 그 중심에서 지속되지 못하고 변방으로 이어가는지, 이런 걸 공부해야 합니다. 현대사회도 몰락할 것입니다. 대량생산은 대량소비, 대량폐기물을 가져와 부작용으로 종말이 올 수밖에 없습니다. 문명적 사관을 가져야 됩니다. 소비문명 안에 유럽에서 미국−동아시아−중국−인도로 이동할 수밖에 없다는 것을 알면, 유럽은 지는 해고, 인도는 좀 더 떠오를 거다 같은 걸 알아야죠.

❼ 역사를 공부해야 합니다. 역사도 무조건 외우는 것이 아니고, 왜 그런가를 알아야죠. '근현대 한국−조선−고려−고구려−단군−환웅−환인의 아들, 한나라에서 왔다'로 민족사의 9000년 역사를 딱 꿰어야 한단 말이야. 그러면 우리의 역사 시작이 어디인지 알 수 있어요. 우리 문명은 대륙문명이다. 그러니 우리가 통일한다는 것은, 우리의 100년의 과거(식민지−분단−전쟁)를 청산하는 것은 우리의 과제다. 이 힘을 통해 한일, 한중 협력이 필요한 것. 통일된 한국이 1000년 만에 고구려의 정신을 계승하는 것. 역사를 공부하면 이런 포부가 생긴단 말이야. 이런 건 대학하고는 아무런 상관이 없는 것이다. 그러니 젊은이들이 이런 공부를 할 수 있는 책을 만들어야 한다.

❽ 그다음, 정신의 작용, 마음의 작용을 알아야 합니다.

이런 게 진짜 공부지. 그런 책을 만들어야지. 그런 책을 선물해야지.

내가 잘하는 일이
세상에 좋은 일이다

오종철_개그맨·소통테이너

1. 이름

오종철

2. 직업

세상에. 단 하나뿐인 개그를 하는 소통테이너

3. 죽기 전에 내 삶을 돌이켜본다면, 어떤 삶이었으면 하는가?

매 순간 살아있음을 감사하고 내 자신에게 긍정적 에너지를
선물하고, 사람들에게도 나눠주는 사람.

4. 그것을 위해 나는 어떤 일을 하고 싶은가?

'웃은 일'이란 단어에 모든 기준을 잡고,
신나고 재미나게 일을 한다.

5. 그 여정에서 나에게 '돈'이란 무엇인가?

내가 신나고 재미나게 하고 난 다음의 보상

6. 나를 일하게 하는 '힘'은?

역시나 "웃을 일"을 만드는 것

7. 나에게 '착하다'라는 것은?

나만의 매력으로 세상 사람들과 신나게 어울리는 것.

인순이씨가 홍대 소극장에서 반주 없이 〈거위의 꿈〉을 부른다. 그녀를 바라보는 100명 남짓한 관객들.

사람들이 모여 있는 곳에는 그 공간 특유의 공기가 있다. 웃고 있어도 웃는 게 아닌 냉소적인 공기, 상대를 밟고 올라서야만 하는 경쟁 PT에서의 밀도가 꽉 찬 팽팽한 공기, 몇 사람이 없어도 넓은 공간 전체를 메우는 따뜻한 공기…… 이곳 홍대 블루라이트홀의 공기는 따뜻할 뿐 아니라 그 따뜻한 공기를 움켜잡을 수 있을 것같이 생생하다.

오늘 무대는 밴드 요술당나귀의 리더 라마씨가 2년 동안 길러온 머리카락이 25센티미터가 된 기념행사를 하는 것이다. 라마씨의 꿈 이야기로 시작된 '모나콘(모발 나눔 콘서트)'. 그의 모발 기증도 큰 울림을 줬지만 그것보다 더 큰 감동은 객석에서 전해진

머리카락이 담긴 비닐봉지들이었다.

소아암에 걸린 아이들에게 항암 치료로 잃어버린 머리카락을 선물한다는 취지 아래 시작된 모나콘은 1년도 안 되어 기적을 만들고 있었다. 그리고 그 기적의 중심에는 '소통테이너' 오종철 대표가 있다.

김준호, 심현섭, 강성범 등 개그계에서 내로라하는 개그맨들이 오종철 대표의 SBS 공채 5기 동기들이다. 데뷔 직후 오대표는 불행했다. 왜? 다른 개그맨보다 못 웃겼으니까. 다른 사람들은 개그맨의 성공무대는 〈개그콘서트〉라고 했다. 그리고 따라오는 질문, "너는 왜 안 나가니?" 안 나가는 게 아니라 못 나가는 거라고 답하기엔 자존심이 상해 입을 다물었다. 그리고 내게도 한 방이 있다는 믿음으로 버텼다.

내가 잘하는 일이 세상에 좋은 일이다 오종철

하지만 너무 힘들었다. 방송사 최고의 청취율을 기록할 정도로 성공했던 라디오 프로그램에서 급작스럽게 하차하고, 생각지도 못한 소송에 휘말리고, 악성댓글에 시달리며 죽고 싶다는 마음마저 들었다. 만약 그때 잘못된 선택을 했다면 지금 그가 세상에 보여주는 선한 영향력은 존재하지 않았을 것이다.

'넘버원'의 세상에서 '온리원'의 세상으로

낭떠러지 끝자락에 발을 디디고 있을 때, 사람들은 자신을 붙잡아줄 무엇인가를 찾게 된다. 삶에 더이상 희망이 없다고 느꼈을 때, 오종철 대표는 자신의 직업에 대해 다시 정의를 내려보았다. 세상이 말하는 개그맨으로 살기에는 너무나 불행했다. 힘들었다. 도저히 버틸 수가 없었다. 그래서 자신만의 정의와 기준이 간절했다.

내가 무엇을 할 수 있는 개그맨인지 생각해보자. 개그맨은 남을 웃기는 직업일 수도 있지만, 세상에 웃을 일을 많이 만드는 것도 개그맨이 할 일이라고 변명처럼 만들어 되새기기 시작했다. 살아가야 할 이유가 필요했으니까……

개그맨은 남을 웃겨야 한다는 정의에 따르면 치열한 경쟁에서 도태되기 쉽지만, 세상에 웃을 일을 많이 만드는 사람이라는 기준에 따르면 그의 영역이 계속해서 확장되는 것이다. 그렇게 재정의를 내리니 일단 숨을 쉴 수 있었다. 갑갑한 세상, 1등만 보는 세상, 남들의 기준에 맞춘 불행한 내 삶…… '넘버원' 공식을 벗어나니 비로소 숨통이 트였다. 그때부터였다. 오종철이란 이름 앞에 엔터테이너의 테이너와 '소통'의 합성어인 소통테이너라는 타이틀이 붙은 것은. '넘버원'의 세상에서 '온리원'의 세상으로 자리를 옮긴 순간이기도 했다.

그는 어떻게 해서 소통테이너라는 이름으로 활동하게 됐을까? 사연이 좀 길다.

개그맨으로 활동하면서 직장인들을 대상으로 하는 라디오 자기계발 프로그램 DJ 섭외를 받았다. 이후 어떻게 하면 프로그램을 잘 이끌지, 높은 청취율을 기록할지 고민했다. 사실 이전 프로그램의 청취율이 그다지 좋지 않았기 때문에 차별화 없이는 6개월 후 개편의 칼바람을 맞을 것이 분명했다. 간절한 마음으로 대형 서점에 갔다가 당시 유행하는 경영서를 발견했다. 책의 한 구절이 눈에 들어왔다.

"1퍼센트 고객에게 집중하라."

그래, 한 사람의 청취자에 집중하자! 청취자가 고객이라면 DJ는 CEO이자 영업사원이고, 청취율은 성과가 될 것이다. '그래! 바로 이거다! 하루에 단 한 명의 청취자!' 그의 전략은 하루에 한 명의 청취자를 지정해 그의 이름을 방송 내내 언급하는 것이었다. 마치 '한 사람을 위한 방송'처럼 말이다. 그렇게 한 달 두 달, 한 해 두 해가 넘어가며 그 방송사 사상 최고의 청취율을 기록하게 되었다. 라디오라는 매체를 통해서 이름을 불러주고, 정말 잘되었으면 하는 마음으로 응원하는 그의 진정성에 사람들이 반응한 것이다.

주인의식으로 진행한 라디오 프로그램. 공개방송에서는 관객 모두와 일일이 악수를 나눌 정도로 정성을 쏟았다. 그렇게 최선을 다했고 잘 만들어가고 있다고, 앞으로는 잘될 일만 남았다고 생각했을 때, 예기치 않은 통보를 받았다. DJ 교체라는 날벼락 같은 소식이었다. 애정을 담아 진행한 방송이어서 충격이 크기도 했지만, 무엇보다 집안의 가장으로서 수입의 4분의 3이 사라진다는 사실에서 오는 충격은 이루 말할 수 없었다. 앞으로 어떻게 살아야 할지 막막했다.

'이럴 순 없어. 어떻게 이런 일이 생기지?'

부정하려 했다. 억울했다. 하지만 이미 벌어진 일이니 어쩔 수 없는 노릇이었다. 누구에게 생활비를 빌려야 할지…… 오대표는 대책 없이 거리를 걸었다. 진행만 하게 해준다면, 내가 사람들에게 얼굴을 보여줄 기회만 갖게 된다면 살 수 있겠다는 '분명한 간절함'을 가지고 있던 그는, 문득 자신이 걸어가던 거리를 둘러보았다. 그가 걷던 광화문에 한 기업에서 운영하는 유명한 공연장이 있었다. 그것을 보자마자 무작정 문을 열고 들어갔다.

"안녕하세요? 여기서 공연을 하시던데 혹시 공연 담당자 계신가요?"

"누구시죠?"

"저는…… 개그맨 오종철이라고 하는데요."

"네? 누구요?"

"개그맨 오종철요."

"모르겠네요…… 여기서 공연하고 싶으시면 기획서부터 보내 보세요."

즉시 집으로 돌아가 KT올레스퀘어의 공연을 자신이 만들어 보겠다는 기획안을 준비해서 제출했다. 하지만 아무런 연락이 없었다. 그래도 포기할 수 없었다. 그것 말고는 희망을 걸 길이 없었기 때문이다. 3개월 동안 기획안을 계속 수정해서 제출하고, 담당자를 찾아가며 노력한 끝에 간신히 기회가 주어졌다. 조건부 공연을 할 수 있는 단 세 번의 기회였다. 세 번 공연하는 동안 관객수를 늘려놓지 않으면 더이상 기회가 없다는 단서와 함께.

"알겠습니다. 하겠습니다. 고맙습니다!"

자신만만하게 대답했지만 문을 박차고 나오자마자 눈앞이 깜깜해졌다. 이것을 어떻게 감당해야 하나…… 답이 보이지 않은 상태로 허기를 채우려고 한 식당에 들어갔다. 그런데 그곳에서 라디오 프로그램 진행 당시 게스트로 나온 김난도 교수를 만났다. 그리고 그 우연한 만남은 오대표에게 일생일대의 기회가 되었다.

"우 리, 같 이 꿈 꾸 자!"

"교수님, 안녕하세요. 저 예전에 라디오에서 뵀던 오종철입니다.”

“아니, 이게 누구야. 오종철씨. 정말 반가워요, 반가워.”

그저 인사나 드리려고 했는데, 김교수는 손을 잡고 반가워하면서 다음에 꼭 식사를 같이하자고 했다. 감사하기도 하고 당혹스럽기도 해서 답을 못하는 오대표에게 김교수가 건넨 말.

“우리 어머니가 오종철씨와 함께 출연했던 프로그램을 들으신 모양이에요. 제게 전화하셔서 그렇게 귀하게 이야기를 들어주는 진행자를 보지 못했다며, 오종철씨에게 꼭 감사인사를 하라고 하시더라고요.”

그 순간 머릿속을 스친 생각. ‘사람이 죽으라는 법은 없는 모양이구나.’

“말씀만으로도 감사합니다. 그런데 저…… 교수님, 혹시 식사 대신 공연장에 한 번 서주시는 건 어떨까요?”

식사와 강연을 맞바꾸기에는 그 무게가 다른 일이었지만 살길이 절실했던 오대표는 얼굴에 철판을 깔고 부탁할 수밖에 없었다. 김교수가 바쁘다는 사실은 잘 알고 있었기에, 거절당할 각오로 건넨 이야기였다. 그런데 인연을 귀하게 여긴 김교수는 흔쾌히 수락했고, 첫 강연자로 나서주었다. 덕분에 공연은 1회에서 대성공을 거두었다. 오대표 인생에 반전이 찾아온 순간!

‘오종철의 드림스테이지’는 그렇게 KT올레스퀘어의 정식 공연이 되었다. 하지만 관객의 발길이 끊어지면 언제 또 사라질지 모를 무대. 오대표는 사람들을 관찰하기 시작했다. 관중은 출연자가 자신의 한계를 뛰어넘어 또다른 가능성을 발견한 이야기를 들려줄 때 웃었다. 희망의 웃음이었다. 그래서 무대마다 가장 진솔하고 희망찬 이야기를 끌어내고자 노력했다.

노력의 결실로 공연은 매번 성공을 거뒀지만, 그는 무대의 주인공이 자신이라고 생각하지 않았다. 늘 더욱더 낮은 모습으로 사람들과 일일이 악수를 하며, 모두의 얼굴을 기억하고자 최선을 다했다. 무대의 진정한 주인공은 관객이라고 여겼기 때문이다.

그런 그의 평상시 모습을 눈여겨본 한 기업에서 그에게 한 가지 제안을 한다. '젊은 청년들에게 꿈을 전해줄 수 있는 무대'를 만들어달라는 것이었다.

'나의 꿈을 소리쳐봐'는 '꿈동산'의 부동산업자가 되고자 하는 오대표의 두번째 시작이었다. 그가 '나꿈소'에 바라는 것은 한 가지였다. 다른 이의 꿈을 통해 내가 미처 몰랐던 꿈을 발견하고, '저 꿈 진짜 멋지다. 같이 해야지'라는 생각을 사람들의 마음에 심는 것.

그리고 '나꿈소'를 진행하던 중, 그는 평생 함께할 꿈과 마주했다. 어느 날 출연자 중 한 명이 자신의 꿈은 '가발 100개를 만드는 것'이라고 고백했다. 가발? 무슨 가발이지? 들어봤더니……소아암 환자들 중에는 암 치료가 끝나고도 후유증으로 머리카락이 나지 않아 마음의 상처를 받는 아이들이 많다고 했다. 학교생활이나 사회생활을 제대로 하지 못하는 경우도 많다고 했다. 이런 아이들에게 '일상'을 선물해주고 싶었던 주인공은 밴드 '요술당나귀'의 리더 라마씨. 소아암 환자들을 위해 가발을 만들겠다

는 그의 꿈은 지금까지 나눔을 생각해보지 않았던 오종철 대표에
게 깊은 울림을 주었다.

일고여덟 명이 각기 25센티미터 길이의 머리카락을 모아줘야
만 가발 하나를 만들 수 있는데, 제작비용도 무려 200만 원에 달
했다. 혼자서 머리카락을 길러 기부하고 있는 기특한 라마씨에게
그는 제안했다.

"우리, 같이 꿈꾸자."

얼마 후 두 사람은 강연하는 친구 한 명과 음악하는 친구 한
명이 같이 신나게 놀고 있는데 가발이 저절로 만들어지는 프로젝

트를 기획했다. 첫 공연. 장소만 대관되어 있는 상태일 뿐 구성도 프로그램도 아무것도 없었다. 다행히 이름은 있었다. 모나콘! 모발 나눔 콘서트의 약자였다. 하지만 홍보할 때는 다른 의미로 설명했다. '나눔'이 붙으면 왠지 거창해지고 사람들이 부담스러워할 것 같았기 때문이다. 그리하여 붙은 제2의 이름은 '모하고 사냐? 나는 콘서트!'였다.

열심히 알렸는데 첫 공연엔 70명의 관객이 왔다. 구성, 시나리오, 프로그램이 없는 콘서트. 그래도 사람들은 즐거워했다. 좌충우돌 생~날것의 콘서트 현장에 신선함을 느꼈던 모양이다. 티켓을 1만 원에 판매했기에, 가발을 만들기엔 턱없이 부족한 수익이었다. 그때 기적과 같이 한 분이 나타났다. "첫 회부터 가발을 못 만들면 어떡하냐"며 부족한 금액 130만 원을 흔쾌히 기부해준 그분 덕분에 첫번째 가발이 완성되었다.

200만 원이라는 돈을 혼자 만들려면 힘들지만 여럿이 함께하니 가능했다. 공연장을 찾기 힘든 관객들을 위해 아홉 명의 고등학생 봉사단원들은 추운 겨울날 홍대입구역에서부터 공연장까지 '인간표지판'이 되어주었고, 다른 이에게 갔던 공연장 무료 대관 제안이 모나콘으로 연결되었다. 사람들의 기부 행렬이 이어지고, 소식을 들은 가발 제작회사에서는 제작비의 50퍼센트를 할인해주고, 기업들도 동참해주고…… 이곳에서는 한 달에 한 번씩 그 어느 콘서트장보다 배꼽 빠지게 웃긴 콘서트가 진행되는데, 이들의 소원대로 사람들이 신나게 노는 동안 세상에는 점점 좋은 일이 생기는 것이다. 그리고 이제 오대표는 '모나콘'을 기업교육

내가 잘하는 일이 세상에 좋은 일이다 오종철

프로그램으로 제공하며 더 많은 이들의 참여와 가발 제작을 이끌어내고 있다.

"저와 라마는 생각하지도 못한 그림이에요. 이런 기적이 매일 일어나는데 어떻게 눈물이 안 나요. 정말 잘 시작했구나 하는 생각을 하루에 열두 번도 넘게 해요. 세상에 하나의 가치를 만들어 낸 것 같아요."

사람이 성공할 때 나타나는 현상을 단계별로 나누면 이렇다고 한다. 1단계, 명품 가방 하나 샀어요(buy). 2단계, 어디 좋은 땅 없나? 이 와인, 진짜 비싼 거예요(buy more). 3단계, 아, 행복해지고 싶다(find). 4단계, 다른 사람들이 행복해졌으면 좋겠다(mission).

그런데 오대표는 1−2−3단계를 건너뛴 채 4단계에 이르렀다. 그리고 미션을 토대로 '오톡쇼'라는 자신만의 토크쇼 브랜드를 만들었다. 자신이 가장 잘할 수 있는 분야, 토크쇼라는 형식을 통해서 사람들에게 행복을 전해주고 있는 것이다. 그는 여전히 세상을 향해 무슨 가치를 전해줄 수 있는지 고민하면서 스스로와 착한 경쟁을 한다. 자신과의 경쟁을 통해서 자신의 한계에 도전한다. 과연 이것을 잘할 수 있을까 싶었던 일들의 한계를 뛰어넘으니 세상을 향해 당당히 소리칠 수 있게 되었다.

가장 잘할 수 있는 일로 세상을 변화시키는 오종철 소통테이너의 '오톡쇼'. 사람들은 자신이 가진 재능은 능력이 아니라고 생각한다. 자신에게 가장 쉬운 일이 누군가에겐 가장 어려운 일이 될 수 있는데, 그 일이 별것 아니라고 생각한다. 하지만 이미 정답은 가지고 있는 것이다. 그것으로 시작하면 된다. 세상의 정의가 아닌, 나만의 관점으로 재정의를 내리면 앞으로 할 일, 하고 싶은 일이 무척 많아질 것이다.

무엇이 나에게 의미를 주는가

소통이란 무엇일까? 우리는 보통 소통이라고 하면 말을 잘하는 것이라고 생각한다. 『회복탄력성』의 저자인 연세대 김주환 교수는 이렇게 정리한다. 소통은 크게 두 가지로 나뉜다. 매스커뮤니케이션과 휴먼커뮤니케이션. 산업화 시대에는 매스컴이 매우 중요한 소통의 대상이었다면, 지금은 휴먼커뮤니케이션의 시대이다. 이제 소유한 물질의 많고 적음이 아닌 인간관계의 진정한 맺음이 중요한 가치가 되었다. 따라서 소통에 대한 제대로 된 이해가 필요하다.

진정한 소통은 '사랑과 존중'이 기본이다. 예를 들어 부부 사이를 유지하는 것이 사랑만은 아니라는 뜻이다. 실제로 이혼한 부부들을 대상으로 이혼 사유에 대해 조사한 결과는 '존중'의 반대인 '경멸'이 가장 컸다. 모든 관계에서 우리는 사랑뿐 아니라 존중에 집중해야 한다. 우리는 상대와 빠른 시간 내에 친근한 분위기를 조성하고 가까워지는 것이 소통이라고 여겼지만, 그것이 능사는 아니다. 상대가 편안해하는 마음의 거리가 존재하기 마련이

내가 잘하는 일이 세상에 좋은 일이다 오종철

다. 무작정 그 거리를 좁히려고 하면, 오히려 상대를 불안하고 당황하게 만들 수 있다. 그 거리를 인정하고 배려해주는 것, 그것이 존중의 시작이다. 진정한 소통은 주인공을 상대로 뒀을 때 가능하다. 모두가 주인공이 되려고 하면 영원히 불통이다.

오종철 대표가 소통에 대해 이런 고민을 할 때쯤, 폴리테이너 등 엔터테이너와의 합성어가 유행하기 시작했다. 그래서 그가 제일 중요하게 생각하는 단어인 '소통'을 합성해 '소통테이너'라는 말을 만든 것이다. 나 자신과의 소통을 통해 스스로를 이해했더니, 토크쇼라는 포맷을 이용해 세상의 스토리를 소통시키는 주인공이 되었다. 나와 내 일과 소통하는 것 중 하나만 깨우치면 나머지가 자연스럽게 해결된다는 것이 그의 결론이다. 그는 자신과 자신의 일과 소통하기 위해서 가장 잘할 수 있는 방법으로 나섰고, 이를 통해 매일매일 기적을 꿈꾸고 있다.

김제동의 스승으로 유명한 MC 방우정의 꿈은 연극배우다. 그것도 전석 매진을 계속하는 연극배우. 그러나 그가 말한 객석의 수는 달랑 10개. 10명의 관객만 와도 전석 매진이다. 그렇다. 세상의 치열한 경쟁도 훌륭하다. 그러나 이제 내가 만든 나의 길에서, 나 자신과의 진정한 경쟁에서 얻은 승리는 매우매우 거룩하다. 기억하라. 내가 넘어야 할 것은 내가 만든 나의 한계라는 것을! 『해피어』라는 책에는 인상적인 질문들이 등장하는데, 지금의 이야기와도 일맥상통해 옮겨본다.

나는 착하게 돈 번다

무엇이 나에게 의미meaning을 주는가?

무엇이 나에게 즐거움pleasure을 주는가?

나에게 어떤 장점strengths이 있는가?

이 답에서 공통분모를 찾아본다면 어떤 일이 자신을 가장 행복하게 해줄지, 어떤 일을 가장 잘할 수 있을지 판단하는 데 도움이 될 것이다.

내가 잘하는 일이 세상에 좋은 일이다 오종철

오종철 대표가 알려주는 토크 콘서트 기획 노하우

첫째, 무대와 객석이 소통해야 한다.

청중의 입장을 고려해야 한다. 대부분의 사람들은 기획자 입장에서 무대를 만들어간다. 하지만 내가 관객이라는 생각만으로도 무대의 구성은 달라진다. 강연이 약간 지루해질 때쯤 들어가서 관객에게 웃음 포인트를 준다거나 유명한 사람도 결국 사람이라는 동질 감을 주기 위해 일부러 강연자의 흠을 유쾌하게 들춰내면, 관객의 마음이 열리는 경우가 많다. 많은 부분 사회자의 역할이 중요하다.

둘째, 전체 인원을 300명이 넘지 않게 해야 한다.

300명이 넘어가면 아이 콘택트가 어려워진다. 관객들의 집중도가 떨어지기 쉽다. 인원 이 많고 퍼포먼스만 가득한 행사들은 현장에서 컨트롤되지 않으면 빛 좋은 개살구가 될 뿐이다.

셋째, 관객을 위한 아이스 브레이킹은 필수다.

아무리 좋은 내용도 아무리 좋은 강의도, 듣는 사람의 감정상태에 따라 다르게 들린다. 강연은 콘텐츠 특성상 노래나 기타 공연처럼 강력한 에너지가 없다. 때문에 관객의 리액 션이 굉장히 중요하다. 관객들의 호응과 리액션을 높이기 위해서 마음을 먼저 열어주어 야 한다. 관객들이 수동적으로 듣고만 있어야 하는 것이 아니라 주인공으로 즐겨야 한다 고, 역할을 알려주는 것도 중요하다. 나는 내가 진행하는 대부분의 무대에서 간단한 율 동을 하고 시작한다. 사람들은 몸을 움직일 때 에너지가 상승한다고 느낀다. 이러한 아 이스 브레이킹icebreaking을 이용하면 관객들의 마음이 열리면서 강의내용을 스펀지처 럼 더 잘 빨아들인다.

넷째, 실시간 문자 참여로 관객의 요구를 파악해 바로 적용한다.

무대와 객석이 하나가 되게 하기 위해서는 관객의 의견과 소감이 반영된다는 것에 대해 알려줄 필요가 있다. 현장에서 문자 참여 시스템을 통해 자신의 이야기가 전달되는 것을 느끼면 관객들은 그 무대에서 더욱더 자신의 이야기를 하고 싶어한다. 관객 참여도가 높은 무대가 관객 만족도도 높아지는 추세다. 팔짱을 낀 채 공연을 보고 강연을 듣는 자세에서 벗어나, 이제는 스스로 참여해 무대를 함께 만들어간다는 주인의식을 느낄 때 사람들은 더 만족한다.

다섯째, 공연 팀과 함께라면 무대는 더욱 신난다.

공연 팀이 공연만 하는 것이 아니라 그들만의 이야기를 하면서 노래를 함께할 수 있는 무대를 만들어야 한다. 공연 팀의 개인적인 이야기를 들으면서 노래를 들으면 관객들은 그들의 음악에 더 집중하게 되어 지겨움을 느낄 겨를이 없다.

깨지고 부서진 상처를 딛고
다시 한번 일어나
꿈꾸는 사람

이윰_예술가 · 이윰액츠 대표

1. 이름

이율

2. 직업

이율앤츠 대표. 아티스트

3. 죽기 전에 내 삶을 돌이켜본다면, 어떤 삶이었으면 하는가?

살아 있는 걸작품으로 완성되고 싶다.

4. 그것을 위해 나는 어떤 일을 하고 싶은가?

우리 모두가 우리의 인생의 주인공으로 완성될 수 있도록 돕는
영혼의 조각가가 되고 싶다.

5. 그 여정에서 나에게 '돈'이란 무엇인가?

창조적 가능성과 실천적 행동

6. 나를 일하게 하는 '힘'은?

호기심. 꿈. 영감. 상상력.

7. 나에게 '착하다'라는 것은?

공동의 가치를 함께 창조하고 성취

"먼저 큰 감동과 위안을 주신 선생님들께 다시 한번 감사드립니다. 선생님들께서 한용국씨의 마음을 아름답게 표현해주셔서 저역시 이 일에 큰 보람을 느꼈습니다. 노란 마음을 표현한 용국씨는 선생님께서 보신 것처럼 언어로 의사소통을 못합니다. 그러나 '행복한 집'에 있을 때 늘 미소를 지으며 이름을 부르면 웃음으로 답합니다.

그날 용국씨가 보여준 웃음은 그 어느 때보다 환했습니다. 그도 저희도 지금껏 보지 못한 감격의 웃음이었습니다. 용국씨가 그렇게 길게 이야기하는 것도 처음 봤습니다. 본인도 큰 기쁨을 느꼈기에 가능했던 것 같습니다. 선생님께서 용국씨의 얼굴을 통해 느꼈던 그 느낌 그대로 간직해주시기를 바랍니다. 그 안에 간직하고 있는 보석이 더 아름답게 빛나도록 말입니다. 우리는 장애인을 하느님께서 보내주신 선물이라고 믿습니다."

이윰액츠는 얼마 전 지적 장애인들을 대상으로 '페이스 아트 Face Art'라는 창조적 자화상 발견 프로그램을 진행했다. 외모, 학벌, 스펙 등 물질만능 사회가 추구하는 가치를 떠나, 소외된 사람들에게 내재된 소중한 아름다움을 찾아주고자 하는 목적이었다. 지적 장애인은 의사소통이 어렵기 때문에 가장 단순한 방법으로 소통해야 한다. 그래서 그들에게 하트 모양의 도화지를 나눠주고, 크레파스로 자신의 감정을 그림, 글로 자유롭게 표현하도록 했다.

지적 장애로 그저 색을 칠하는 것밖에는 할 수 없었던 한용국씨. 수줍은 미소를 지닌 조용한 성품의 용국씨는 노란 크레파스 딱 하나만으로, 하얀 도화지를 천천히 쓰다듬으며 정성스레 색을 칠했다. 뭐랄까, 그 노란색에는 용국씨의 마음이 고스란히 담겨 있는 듯했고, 세상 그 누구보다도 노란색을 가장 아름답게 칠할 수 있는 놀라운 아티스트처럼 보였다.

그렇게 그들이 그린 수많은 하트 도화지는 2주 뒤 음악회에서 새로운 예술로 재탄생했다. 용국씨의 노란빛 하트 그림을 예술로 표현하는 시간. 무용을 하는 아티스트는 함께 손을 잡고 빙글빙글 뛰노는 춤으로 표현했고, 즉흥 음악을 연주하는 피아니스트는 노란색을 테마로 한 음악을 선보였다. 그 자리에 있는 모두가 그 음악으로 교감하며 감동의 눈물을 흘렸다. 용국씨가 한 번도 표현하지 못했던 그의 세상을, 한 번도 들어줄 수 없었던 그의 이야

기를 음악이 대신 전하고 있었다. 음악이 끝나고 무대에 오른 용국씨는 마이크를 두 손으로 꼭 붙잡고 한참 동안 이야기했다. 무슨 말인지 알아듣기는 어려웠지만, 모두가 고개를 끄덕이며 경청했다. 이미 춤과 음악을 통해 그가 어떤 말을 하고 싶은지 알았기 때문이다.

편지는 음악회가 끝나고 얼마 후, 용국씨를 비롯해 지적 장애인들을 돌보는 '행복한 집'의 원장이 보내온 것이다.

　나는 착하게 돈 번다

편견을 깨뜨려,
사람들 안에 숨겨진 참된 자화상을
이끌어내는 '영혼의 조각가'

미켈란젤로가 그의 걸작 〈다비드〉를 완성하던 날, 조각에 감탄하면서 어떤 사람이 물었다고 한다.

"보잘것없는 돌로 어떻게 이런 훌륭한 작품을 만들어낼 수 있습니까?"

그러자 미켈란젤로는 이렇게 답했다.

"그 형상original design은 처음부터 대리석 속에 있었죠. 나는 단지 불필요한 부분들만 깎아냈을 뿐입니다. 나에게 조각이란 돌을 깨뜨려 그 안에 갇혀 있는 사람을 꺼내는 작업이랍니다."

미켈란젤로에게 조각이 돌덩이 속에 감춰져 있는 형상을 해방시키는 일이었던 것처럼, 어쩌면 우리 안에는 누군가 깨워주기를, 세상으로 끄집어내주기를 기다리는 자아가 숨어 있을지도 모른다. 이윰액츠는 바로 그런 일을 하는 회사다. 미켈란젤로가 망치와 정으로 오리지널 디자인을 찾아냈다면, 이윰액츠는 노래와 연극, 스토리텔링, 미술 등 아트 퍼포먼스를 통해 사람들에게 내재된 본모습을 끄집어낸다. '영혼을 조각'하는 셈이다.

이 회사는 한 개인의 고유한 인격, 존재 가치와 의미, 재능과 능력, 삶의 목적 등을 찾아가는 예술적 상상력의 세계로 사람들을 초대한다. 또한 예술가들의 작업이 협업을 통해서 새로운 비즈니스 모델을 만들어낼 수 있다는 사례를 제시한다. 예술이 가지고 있는 힘, 치유와 정화의 힘을 발견한 이윰 대표는 과거, 조각을 전공한 행위예술가였다.

조각을 전공했지만 생명 없는 굳어진 조각품을 만들기보다 스스로가 '살아 있는 조각'이 되어 사람들에게 다가가 함께 호흡하고 하나가 되길 원했다. 그래서 먼저 자신의 이야기를 담아낸 스토리를 쓰고 그 주인공이 되어 꿈꾸는 세계를 현실 가운데 입체화하는 다채로운 퍼포먼스를 펼쳐냈다.

"꿈꾸는 것을 단지 상상만 하는 것은 슬픈 일이잖아. 꿈은 실현해내야 하는 거야. 있는 모습 그대로 나 자신의 모습을 퍼포먼스로 표현해보고 싶어."

사진, 영상, 노래, 설치미술, 패션, 아트북 등 사람들은 이윰이 보여주는 파격적인 신세대의 감수성과 화려한 퍼포먼스에 주목했고, 그녀는 너무나 빨리 세상의 한가운데서 성공을 맛보았다. 스피드의 궤도에서 질주하며 카멜레온처럼 다채로운 자신의 모습을 펼쳐냈다. 그런 당당한 이윰의 모습에 사람들은 부러움과 이질감을 동시에 느꼈다.

마치 '자! 날 봐! 난 이렇게 멋지게 나 자신을 표현하고 있잖아'라는 모습으로 사람들이 뭐라고 하든 그녀는 앞을 향해 달려갔다. 사실 이런 작업을 시작하기 전 이윰은 세상에서 경험한 커다란 상처 앞에 부서져버리고 더이상 견뎌낼 수 없었던 연약한 자아의 내면에 잠자고 있던 '예술가의 자화상'을 스스로 일깨워낸 경험이 있었다.

사람들이 어떻게 서로에게 상처를 전염시키며 서로를 변질시키는지, 그래서 어떻게 마음과 마음이 점점 더 불투명해져가는지, 영원한 사랑은 더이상 없는 것이라고 포기해버리는 부서져버린 세상의 아픔을 경험하는 동안, 오히려 더 뜨겁게 사랑하고 꿈꾸며 치유와 정화의 에너지를 세상 가운데서 발휘하는 삶을 선택한 예술가가 되었던 것이다.

1.

나의 첫번째 절망. 인간이라면 누구나 마음 깊은 곳엔 스스로도 어쩔 수 없는 슬픔이 항상 존재하고 있다. 이것을 알게 되는 것이 어른이 되는 바로 그즈음일 것이다. 처음에는 이 사실에 적응할 수가 없어서 날마다 울며 '슬픔'으로부터 벗어나기 위해 도망다녔던 기억이 난다. 그러나 그러면 그럴수록 '슬픔'은 나를 부둥켜안고 쓰러져버려 나도 슬픔도 천근만근의 무게를 감당하지 못한 채 야위어갔고, 나 스스로도 돌보지 않았던 불쌍한 나의 영혼은 길가의 낙엽과 함께 멋대로 뒹굴었다. 나는 드디어 '슬픔'을 피하지 않고 내 마음속에 살도록 내버려두기로 했다. 그랬더니 '슬픔'이 나의 가장 친밀한 벗이되었다.

2.

너는 그에게 속하지 않았어. 그도 너에게 속하지 않았어. 사막을 혼자 걷고 싶다면 그렇게 해. 너의 강함과 연약함을 알 수 있을 거야. 높은 나무 꼭대기에 오르고 싶다면 그렇게 해. 멀리멀리 볼 수 있을 거야. 여기, 너의 따뜻한 심장을 가지고 떠나는 걸 잊지 마.

3.
넌 빨간색적인 사람이 될 자격이 있어. 스스로를 행복하게 만들 줄 아는 사람인 거야.

2005년 발표한 소설 『빨간 블라우스』는 당시 스물다섯 살이었던 이윰의 자화상을 담고 있다. 소설은 '사랑은 왜 영원하지 않을까?'라는 물음 앞에 부서지고 상처받았던 스스로를 치유하기 위한 행위예술의 대본이 되었고, 빨간빛 열정으로 사랑하고 꿈꾸며 나아가는 참된 자아를 깨어나게 해주었다. 글 쓰는 행위를 통해서 그녀는 자신이 하는 일에 대한 시각을 바꾸어보았다. 그녀는 말한다.

세상에서 제일 멋진 사람은 깨지고 부서진 상처를 딛고 다시 꿈꾸는 사람이라고. 자신은 그것을 너무 치열하게 배웠고 경험했다고. 그것을 통해 진짜 조각가, 즉 사람들의 마음을 울려낼 수 있는 예술가가 되기 위해 자신을 더욱 뜨겁게 불태웠다고.

"꿈꾸는 세계를 매력적으로 그려내며 강렬한 시각적 임팩트를 주는 예술 작업을 해나갔어요. 그런데 외적으로 강하고 화려한 것만으로는 사람들의 마음속에 들어갈 수 없는 거예요. 스며들어갈 수 없는 것을 알았어요. 서른 살이 되던 해, 저는 제 눈에서 무엇인가가 벗겨진 것처럼 자기애로 꽉 차 있는 제 작업이 얼마나 공허한지 보았어요. 동시에 갑옷을 입고 전사처럼 달려가고 있었지만, 사실은 아직도 여전히 아파하는 나를 깨닫게 되었고요. 그때는 그 모습 그대로 바라봐주고 인정해주어야 한다는 사실을 몰랐어요."

내가 하는 일에 '가치'를 더하는 순간, '혁신'이 따라온다

서른 살이 되던 해 새로운 깨달음을 얻은 이후, 이대표의 인생은 총체적으로 변하기 시작했다. 스피드의 궤도에서 벗어나 더디지만 '치유와 생명의 궤도'로 삶이 전환되었고, 그녀의 작업실은 그녀처럼 치유와 회복이 필요한 예술가들의 모임 장소로 변했다. 처음 네 명으로 시작한 이 모임은 'Just be yourself!'를 모토로 하여 서로의 삶을 진솔하게 나누고 서로의 이야기에 귀 기울임으로써 자연스러운 회복이 이루어지는 모임이었다. 그 뒤 소문을 듣고 찾아온 더 많은 이들에 의해 확장되었다.

'라이프 트리'라는 이름을 붙인 이 모임은 자연스레 이음이 설립자가 된 공동체적 모임으로 더욱 확장되었다. 2007년에는 공동체의 비전을 실제화하기 위해 새로운 도전을 감행했다. 다양한 분야의 청년 문화예술인들의 치유와 회복, 그리고 참된 자화상 발견을 목적으로 하는 창작학교를 시작한 것이다.

우리는 흔히 예술인, 아티스트라고 하면 자신의 세계에 푹 빠져 있어서 멋지긴 하지만 왠지 거리감이 느껴지는 부담스러운 사람들이라고 생각한다. 실제로 아티스트들은 자기 색깔과 세계가 매우 강해 타인과 융화되기에 매우 어려운 기질이 있어서, 이런 공동체적 학교를 운영한다는 것이 쉽지 않았다.

많은 의견충돌이 있었고, 서로 다른 다양한 관점을 이해하며 새로운 '하나'로 어우러지기 위해 자신의 고집스러운 세계를 깨뜨려야 하는 치열한 삶의 시간들이 있었다. 이 과정에서 사람들은 '사랑하는 법'을 배우며 예술적인 협업을 이뤄나갔다. 그러면서 겪은 치유와 회복의 경험을 나의 이웃에게로 확장시키고자 하는 열망을 가지고 청소년, 청년, 장년, 가족 등 다양한 사회 구성원들을 위한 아트 케어 프로그램으로 확대 적용시켰다. 이 과정을 통해 이윰은 자기중심적 예술에서 벗어나, 공동체적 마인드를 가진 예술가로서의 정체성을 형성하게 되었다.

그리고 마침내 한 사람의 변화가 사회 전체의 변화를 가져올 수 있다는 확신이 들어, 소셜 벤처 이음액츠를 만들었다. 이음액츠는 있는 그대로의 자기 원형을 발견하고 고유한 창의성을 발휘하며 살아갈 수 있도록, 사람들에게 자발성, 상상력, 영감을 부여하고, 경쟁이 아닌 상생을 추구하는 열린 마음을 형성하도록 돕고 있다. 한 사람의 마음에 변화를 일으켜 사회 전체의 변화로까지 확장시키는 문화예술의 잠재성이 바탕이 된 회사라고 할 수 있다.

또한 이음액츠는 예술가가 어떤 마음가짐으로 활동해야 하는가에 대한 하나의 역할 모델이 되어주고 있다. 잘나가는 예술인이라도 내면을 보면 열등감이 있고, 자신이 누구인지조차 잘 모르는 경우가 많다. 워낙 복잡한 내면을 지닌 데다가, 경쟁에서 이기기 위한 성취욕이 강해서 나타나는 현상이다. 누군가와 함께하는 즐거움과 보람, 그리고 힘을 합쳐 만들어내는 더 좋은 결과물을 느끼기까지 10년이 걸렸다고 한다. 절대 뭉쳐지지 않을 것 같은 사람들이 모여서 10년을 부딪치고 깨지며 함께하다보니, 이제는 '나'보다 '우리'를 먼저 생각하게 되었다. 더불어 10년 전의 자기만 알던 독불장군 이윰도 사라졌다고.

그녀의 20대는 조각가이자 스스로가 살아 있는 조각으로 활동하는 퍼포먼스 아티스트였다. 30대는 문화예술 공동체의 설립자로서 자신과 같은 고민을 가진 청년 문화예술인들을 이끌어주는 창작학교를 설립해 그들 내면의 자화상을 발견해주는 영혼의 조각가로 활동했다. 이제 40대가 된 그녀는 그동안 공동체적 삶을 통해 배운 소중한 가치를 사회로 환원해야겠다는 다짐으로 소셜 벤처라는 새로운 도전을 시작했다.

40대의 새로운 도전. 예술을 위한 단순한 창작이나 교육의 영역이 아닌 예술가가 해결할 수 있는 소셜 미션 '공동체의 회복'은 그녀를 앞으로 달려가게 하는 동력이 되었다. 가족, 학교, 지역공동체의 붕괴로 생겨나는 사회적 문제들, 예를 들어 학교폭력, 자살, 우울증 등 정신적 문제들을 회복시키는 방법으로 그녀는 심리 분석이나 예술 치료와 다른 '스토리 아트' 체험 콘텐츠 분야를 제시했다. 스토리 아트는 아티스트들의 다양한 예술 표현을 통해 참여자들의 마음을 열어주고 감성적인 교감을 이끌어주는 스토리 콘서트, 집중적인 자기 발견과 힐링을 체험하는 소그룹 아트케어, 참여자들의 삶의 이야기를 함께 공감하며 예술 표현으로 승화시키는 즉흥 공연으로 이루어진다. 세 시간의 콘서트 안에 담겨 있는 무용, 음악, 미술 등 모든 예술적 표현의 주인공은 다름아닌 그 공연을 보러 온 참가자들이다.

마흔까지 예술가로만 살아온 이대표는 예술이 사람에게 긍정적인 영향을 준다는 말을 비즈니스적으로 풀어내기 위해 소셜 벤처 아시아 대회SVCA에도 도전했다. 경영대를 졸업한 청년 두 명과 함께 팀을 구성한 후 예술, 치유, 교육의 세 가지 방면이 융합된 '창의 인재 양성을 위한 창조적 자화상 발견' 프로그램을 비즈니스 모델로 구상했다. 추상적인 예술언어를 구체적인 경영언어로 바꾸는 것도 쉽지 않은데, 영어로 작성된 사업계획서를 준비

해야 하는 만만치 않은 과제로 밤마다 심장이 폭발하거나 쪼그라
드는 것 같지만, 새로운 도전이 가진 의미가 스스로에게도 무
척 컸다는 그녀. 현재 우리 사회의 문제들은 공동체 회복을 통해
해결이 가능하고 이것은 예술을 통해 이루어져야 한다는 소셜 미
션이 없었다면, 마흔이 넘은 나이에 새로운 도전을 꿈꾸지 못했
을 것이다.

이 대회에서 최종결선 2위라는 보람찬 결과와 함께 설립된 이
윰액츠는, 현재 자체적인 예술인문학 연구를 바탕으로 기업, 단
체, 일반인을 위한 프로그램 외에도 미혼모, 장애인, 다문화가
정, 시장 상인, 탈학교 청소년, 불임·난임부부 등 사회적 돌봄 계
층의 창조적인 자화상 발견을 위해 돕고 있다. 또한 사회문제의
근본적 치유를 위해, 역사의식의 창조적 회복과 더불어 한국인의
'얼'과 '꼴'이 담긴 대한민국의 얼굴을 발굴하는 연구를 추진하고
있다.

내가 하려는 일에 가치가 더해지는 순간, 창의성과 신선한 아
이디어가 폭발하는 최고 정점을 맛보게 된다. 가치가 더해지는
순간, 그 일을 통해 일어나는 매일의 활동에 '혁신'이 늘 따라다니
게 된다.

당신은 이미 세상을 바꿀 선한 잠재력을 가졌다. 지금 이 순
간 당신 입에서 나온 긍정적인 말 한마디가 누군가의 목숨을 구
할지도 모를 일이다. 전쟁, 기아, 질병, 범죄 등 해결해야 할 심
각한 문제들이 너무나 많다. 그런 상황에서 누군가의 이야기를

들어주고, 손을 잡아주는 것이 보잘것없게 생각될 수도 있다. 하지만 일상의 아주 작고 사소한 행동에 가치를 부여하는 시도는, 우리가 가치 있는 삶을 살기 위한 첫걸음이란 사실을 기억하자.

자신만의 재능을 새로운 방식으로 풀어나가는 아티스트들

- **역량 있는 작가들에게 모든 것을 건다**_최요한, 미술전시 감독

  '데이비드 라샤펠David Lachapelle 전' '마이클 라우Michael Lau 전' 등 이름만 들어도 알
  만한 대형 전시를 기획한 최요한 감독에게는 오랫동안 마음속에 담아두었던 꿈이 있
  다. 해외 작가들과 일하면서, 여러 나라를 돌며 전시하고 자신의 작품세계를 알리는
  그들이 너무나 부러웠던 것. 한국에도 역량 있는 신인 작가들이 많지만 해외 진출이
  매우 어렵다는 현실을 깨닫고 그들을 돕겠다고 결심했다.

  지금 최감독은 신진 작가 지원 프로젝트 그룹 '이미지네이션 KImigination k'를 만들어,
  자신의 갤러리를 통해 매달 새로운 작가를 소개하면서 침체되어 있는 미술 시장의 활
  로를 개척하는 데 힘쓰고 있다. 누군가의 뛰어난 재능을 지원해주기로 생각한다면 인
  간이 할 수 있는 일 중 가장 인도적인 일을 한 선택이라는 말처럼, 그의 인생 목적은
  그가 더욱 열심히 살아야 하는 이유가 되었다. 그는 바란다. 언젠가는 신진 아티스트
  그룹이 해외에서 전시하는 날이 오기를……

- **박애주의 디자인을 실천하다**_배상민, 카이스트 교수

  배상민 카이스트 산업디자인학과 교수는 기획 상품을 디자인해 벌어들이는 수익금을
  기부하는 이른바 '박애주의 디자인'을 실천하고 있다. 사회적 약자를 돕자는 디자인운
  동은 원래 1970년대 초반에 미국의 산업디자이너 빅터 파파넥Victor Papanek의 제안
  으로 본격화됐다. 파파넥은 『실제 세계를 위한 디자인Design For The Real World』이라는
  책에서 "디자이너들은 부자들만을 위해 디자인하지 말고, 그들에게 할애하는 시간과
  노력의 10퍼센트만이라도 도움이 필요한 사람들을 위해 쓰자"고 제안했다.

  배교수가 디자인 재능을 기부하고, GS칼텍스 등 뜻있는 기업에서 제조비용을 지원하
  면, 월드비전에서는 만들어진 제품을 판매해 얻은 수익금을 불우한 청소년들에게 장
  학금으로 지원한다. 배교수는 2008년 IDEA 은상을 수상한 접이식 MP3 플레이어를

나눔 프로젝트로 개발해, 1만 2000대를 판매해서 얻은 수익금 전액을 기부했다. 또다른 프로젝트인 천연 가습기 '러브팟'의 수익금도 전액 기부하고 있다. 습기를 잘 흡수하는 종이 구조물의 표면적을 최대한 넓게 만든 이 가습기는 원래 하트 형태로 디자인됐다. 점차 시장의 수요가 늘어남에 따라 디자인이 다양해졌고 일본 등 해외에서도 주문이 밀려오고 있다. 배교수가 이런 방식으로 기부한 금액은 지금까지 17억 원을 넘어선다.

적어도 내 인생에선
주인공이고 싶다

박춘화_글로시박스 대표·펜팬 설립자

1. 이름

박춘화 (Jun. Park)

2. 직업

사업가 (Business Developer)

3. 죽기 전에 내 삶을 돌이켜본다면, 어떤 삶이었으면 하는가?

다양한 영역에서 새로운 것을 만들고,

그 새로운 것들을 통해 세상이 조금이라도 신나할 수 있는!

4. 그것을 위해 나는 어떤 일을 하고 싶은가?

변화를 만들 수 있는 자신감을 가장 먼저 갖고!!

우선, 고민하지 말고 바로 시작하는 것! 사업이든 기부이든.

5. 그 여정에서 나에게 '돈'이란 무엇인가?

'돈'은 앉아서 벌리는 것. 굳이 '돈'의 가치를 버리면서

순수하게 하는 것보다는 같이 엮어서 할 수 있는 일을 하고 싶음.

6. 나를 일하게 하는 '힘'은?

재미있는 일은 기본이고 항상 '변화'를 만드는 자세

7. 나에게 '착하다'라는 것은?

매력 없는 말. 착한 것보다는 좀더 자극적이고

끌림이 있는 태도는 많은 것 같다.

이 세계를 다 둘러보기엔 100년도 부족할 것 같다. 이 세계 사람들을 다 만나보기엔 200년도 부족할 듯하다.

이 책을 준비하며 '인터뷰 놀이'에 푹 빠져 있다. 일과 놀이의 경계가 허물어지는 신기한 경험을 하고 있는 요즘, 나는 학교에서 배우지 못했던 '삶의 질을 높여주는 커리큘럼'을 스스로 찾아가고 있다. 내 인생의 주인공이 되어가고 있는 사람들, 나다운 삶의 방식을 찾길 원하는 사람들, 자기다운 행동을 차곡차곡 쌓아가는 사람들…… 멋지고 재미있고 놀랍다! 이런 사람들이 세상 곳곳에서 활동하고 있다는 사실이 반갑다.

오늘도 역시나 기발한 아이디어로 무릎을 탁 내려치게 하는 주인공을 찾았다.

"Thank you. Unforgettable event! Fantastic moments
......"

꾹꾹 눌러쓴 아이들의 손편지가 도착했다. 그중에는 케냐에 사는 '그레이스 완부'의 편지도 있다. 그녀는 몸이 버티지 못할 정도의 극심한 스트레스로 힘겨운 하루하루를 보내고 있다. 그나마 가끔 학교에 나올 수 있다는 사실이 그녀에게 유일한 위로이자 기쁨이다. 막막한 지금 이 상황을 벗어날 수 있는 방법은 오로지 학교뿐이다. 배움이다. 가서 배우고 익혀야 한다. 쓰고 적고 반복적인 학습이 필요하다.

그러나 무엇인가를 적는다는 것은 꿈같은 일이었다. 학용품이 턱없이 부족하고, 그나마 있는 필기구들도 품질이 떨어져 한 번만 쓰면 책과 공책이 다 찢겨져 나갔다. 결국 쓸 것이 있으면 땅바닥에 엎드려 흙에 손가락으로 쓸 수밖에 없었다. 그랬던 그레이스에게 아주 신나는 일이 생겼다. 한국에서 펜이 가득 들어 있는 선물상자가 배달됐다. 정성스레 만들어진 필통 안에는 펜 네 자루, 색연필 두 자루, 연필 두 자루가 가지런히 들어 있었다. 신난 그레이스는 종이에, 책에, 노트에 써보며 연신 무엇인가를 끄적거린다. 그리고 환한 미소로 답한다.

나에겐 쓸모없어져 '과거'가 된 펜이 지구 반대쪽에 있는 아이들에게 이렇게 새로운 꿈을 꿀 수 있게 하는 '미래'가 됐다

그레이스뿐 아니라 케냐, 에티오피아, 인도, 스리랑카에 있는 아이들에게 새로운 꿈을 선물한 사람들. 그들은 펜을 오랫동안 모아 그것이 넘쳐나는 사람들도 어떤 기부단체에서 활동하는

적어도 내 인생에선 주인공이고 싶다 박춘화

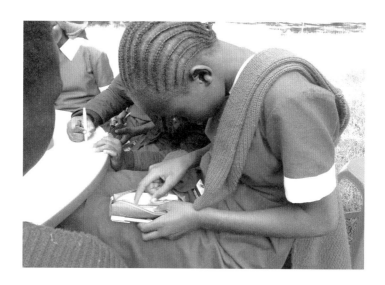

사람들도 아니다. 그저 우리와 같은 이들. 바쁘게 회사에 다니느라 혹은 학업에 쫓겨 좀처럼 개인시간을 갖지 못하다가 금요일만 되면 "TGIF!"를 외치며 불금을 즐기는 평범한 사람들이다. 똑같이 미래에 대한 고민, 이성에 대한 고민을 한 아름씩 지고 살아가는 사람들이다.

그런데 우리와 비슷한 이들이 자신을 움직이게 할 연료를 찾았다. 그것은 바로 펜팬(펜 이즈 유어 팬pen is your fan)이었다. 서랍 속의 안 쓰는 펜을 모으면 어떻게 될까? 막연히 생각했던 평범한 사람들의 대수롭지 않은 펜 모으기가 어느덧 오지의 아이들을 꿈꾸게 하고, 그를 통해 또 스스로를 꿈꾸게 하는 활동이 되었다.

'나 는 이 렇 게,

그 저 그 런 사 람 이 되 어 버 리 는 걸 까?'

우리는 종종 이런 생각을 한다.

'나는 지금 행복한가?' '어떻게 하면 좀더 행복해질 수 있을
까?' '지금 하는 일을 그만두면 의미 있고 즐거운 일을 찾을 수 있
을까?' '지금 당장 직장을 그만둘 수 없거나 그만두고 싶지 않다
면 어떻게 해야 할까?' '지금 하는 일을 좀더 즐기면서 할 수 있는
방법이 있을까?'

누구나 행복하길 바란다. 그러나 사회생활을 하고 있는 이들
에게 물어보면 지금 처한 상황 때문에 행복하지 않다는 답변이 대
부분이다. 현재 문제들만 해결되면 행복할 텐데…… 현재 상황에
서만 벗어나면 행복할 텐데……

행복, 참 좋은 단어다. 그러나 그 의미를 제대로 알지 못하면
행복할 수 없다. 행복이란 현재에 만족하고 기뻐하는 상태를 뜻하
는 단어다. 지금은 준비되지 않았다고, 나중으로 미룰 수밖에 없
다고, 변화를 간절히 원하지만 그럴 수 없다고 핑계대는 사람은
아직 행복할 준비가 되지 않은 것이다.

펜팬을 처음 만든 박춘화 대표는 3년 전, 책상에 앉아 무료한
시간을 보내고 있었다. 화장품 분야에서 손꼽히는 대기업에 다니
면서 미래에 대한 투자로 유학을 준비하던 중이었다. 주말이면
언제나 시험 준비를 위해 공부해야 했다. 그런데 그날은 날씨가

화창한 주말, 딱 데이트하기 좋은 날이었다. 공부는 하고 싶지 않은데 밖에 나가서 놀자니 죄책감이 들고…… 정신 사납게 애꿎은 볼펜만 튕기고 있었다.

'지금 잘 참고, 점수를 올려야 좋은 학교에 가고 내가 업그레이드될 텐데……' '더 성공하려면, 유학은 필수인데.' 이런저런 생각에 통 집중이 되지 않아 책상서랍을 열었다. 서랍 안에 나뒹구는 볼펜들이 눈에 들어왔다. '○○보험' '○○식당 개업 2주년' '○○주식회사 창립 10주년' 등의 문구가 적힌 판촉용 펜들부터 필요해서 샀다가 얼마 쓰지 않고 서랍에 처박아둔 볼펜들까지, 전부 꺼내어보니 정말 많았다.

'볼펜 진짜 많다. 홍보 판촉물은 들고 다니기도 뭐하고, 나만 이렇게 많지는 않을 텐데…… 집집마다 서랍을 열어보면 다들 이렇게 많을 것 같은데…… 아, 이걸 필요한 사람들에게 보내주면 좋겠다.'

하지만 그 생각도 잠시, 그냥 스쳐가는 수만 가지의 생각 중 하나로 흘려보냈다.

그해를 넘기고 한 해 두 해 시간은 정신없이 지나갔다. 대기업에 다니며 유학을 준비하던 그는 유학 대신 창업을 해, 온 정신을 새로 차린 회사를 유지해가는 데 집중했다. 그가 공동창업한 '글로시박스'는 이용자가 평소 써보고 싶었던 화장품 중 트렌디한 제품을 매달 5개 선정해서, 1만 원 조금 넘는 가격에 4~5만 원어치의 경험을 할 수 있게 하는 '뷰티 서비스 비즈니스 모델'이다. 잡지가 매달 발행되는 것처럼 새로운 뷰티 트렌드 제품들을 받아볼 수 있는 것이 신기해서인지 순식간에 많은 구독자들이 생겨났다.

사람들이 반응하는 것이 신기했다. 즐거웠다. 재미있었다. 그래서 열정적으로 임했다. 하지만 힘들었다. 당연한 일이다. 다달이 들어가는 고정비용은 삶의 무게처럼 느껴졌다. 첫 창업이 성공한 것은 매우 감사한 일이지만, 회사의 급작스러운 성장은 인생의 무게로, 그리고 책임으로 이어졌다. 그 책임은 그를 '숫자'에 집중하게 만들었다.

사업을 하다보면 숫자에 연연하게 된다. 성장률, 이익률 등. 앞만 보고 달리며 살아남으려고 애썼는데 어느 순간 고개를 들어보니 숫자에 목을 매고 있는 자신이 보였다. 왠지 서글펐다. 문득 학교에 다니며 읽었던 책들, 사람이 세상을 바꿀 수 있다는 말에 푹 빠져 있던 자신이 생각났다. 무엇인가 필요했다. 학생 때 생각했던 것을 되찾아줄 뭔가가 필요했다.

학교 선배들처럼 사회에 나오면 이상과 철학을 지키며 사는 게 쉬운 일이 아니라는 사실, 학생 때 생각했던 것을 현실에서 이어가기가 만만치 않다는 것을 실감했다. 열정적으로 일하는데 나는 없어지고 그 일이 내 삶의 전부가 되어버린 느낌이었다. 이렇게 그저 그런 사람이 되는 것인가 하는 자괴감마저 들었다.

이러다간 내 삶의 주인공이
내가 아니라 일이 될지도 모른다는 두려움

어느 날 학교 후배가 기획하는 강연회장을 찾아갔다. 무대에서는 강연자가 열심히 이야기를 하고, 무대 뒤에서는 후배가 동분서주하고 있었다. 갑자기 궁금해서 후배에게 물었다.

"너 이거 왜 하니?"

"저 사람들처럼 멋진 사람이 되고 싶어서요."

"음…… 그래, 강연을 들어보니 이제 저들처럼 멋진 사람이 되려면 어떻게 해야 하는지 알겠어?"

"머리로는 알겠는데…… 실천하려니 쉽지 않아요. 나에게 맞는 방법인가 싶고요. 이야기 듣고나면 또 사춘기 방황 시작이에요, 흐흐."

"그렇구나. 그럼 우리 이제 강연을 여는 사람이 아니라 강연에 나오는 사람이 되자."

후배와 다부진 각오를 하고 헤어졌다. 그리고 그는 야심차게 무엇을 시작했을까? 또 그때뿐이었다. 결심하고 실천하는 것은 절대 쉽지 않다. 그러기를 6개월, 사업은 무럭무럭 잘 커갔지만 주말까지 매달려야 하는 빡빡한 상황에서 숨 쉴 틈이 절실히 필요했다.

오랜만에 친구들을 만나 모처럼 여유를 부리려고 하는데 할 이야기가 없었다. 친구들과 나누는 대화는 연봉이나 나에게 도움이 될 쟁쟁한 스펙을 갖춘 누군가의 이야기가 전부였다. 또다시 숫자의 나열들…… 결국 그 자리를 박차고 나왔다. 지금 바로잡지 않으면 내 인생의 주인공이 내가 아니라 일이 되겠다는 조바심이 들었다. 그런데 그 순간, 갑자기!

'쾅!'

3년 전 책상서랍 속의 펜들이 떠올랐다. 머릿속에서 펜들이 우수수 떨어진 것이다. 박대표는 그렇게 3년 동안 머릿속에만 담고 있던 '펜을 모아보자'는 아이디어를 떠올렸다.

'펜을 모을 거야. 어떻게 할지는 모르겠지만 우리에게 쓸모없는 펜을 모아서 필요한 아이들에게, 자신의 미래를 그리고 싶은 아이들에게 꼭 전달할 거야.'

물론, 시작은 쉽지 않았다.

"펜을 모을 거야."

"어떻게? 왜?"

아이디어는 떠올랐지만, 어떻게 모아야 할지 방법을 몰랐다. 구체적인 계획이 필요한 순간이었다. 일단 하나씩 생각나는 대로 써내려가보기로 했다.

'지금이 9월이니까 두 달여 간 준비기간을 거쳐서 11월에 시작하자. 그리고 테스트 기간을 갖고 이 기간 동안 1000명에게 1만 자루를 모으자.'

계획은 세웠지만, 역시나 모든 것이 흐릿했다. 펜이 진짜 모일지, 이 펜이 필요한 사람들이 있을지, 전달하면 현지에서 제대로 활용될지, 아는 것이 전혀 없었다. 먼저 그 길을 간 사람을 만나는 것이 가장 빠른 지름길이라는 생각에 기부를 많이 하는 사람, 개발도상국을 돕는 NGO 등 다양한 사람들을 만나서 물어봤다. 자신의 계획을 밝히면 '대단하다' '기특하다'는 칭찬을 들을 줄 알았는데, 현실은 거의 청문회 분위기였다.

"너희가 그 지역의 아이들에 대해서 얼마나 아느냐? 하다 말거면 시작도 하지 마라."

잘못한 것도 없는데 심문당하는 것처럼 우려 섞인 질문에 시달렸다. 아마 이걸 왜 해야 하는지에 대한 명확한 이유를 생각해보라는 뜻이었을 것이다. 의욕 있게 덤벼들어서 시작하는 것보다 오랜 기간 이어가는 것, 그리고 꾸준히 하는 것이 얼마나 어려운 일인지 알기에 건넨 이야기들이었다. 이런 이야기를 들으면서 마음이 더욱 단단해졌다. 제대로 준비해보자는 포부가 생겼다.

'어, 정말 되네!'라는 이름의 성취감

어떤 단체가 되어야 할지 정하는 것이 우선이었다.

기부에 부담을 느끼는 이들, 좋은 일을 하고 싶지만 무엇을 해야 할지 모르는 사람들에게 '펜'이라는 간단한 아이템으로 접근한다. 그리고 그 펜이 필요한 지역의 아이들과 펜을 기부하고 싶은 이들의 만남을 주선한다. 한국에서는 사람들이 호기심을 갖고 이 캠페인에 동참할 수 있도록 '핫'한 방식으로 진행하고, 펜을 기부할 지역을 잘 아는 단체에 연락해서 전달을 부탁드린다.

이렇게 펜팬이 추구할 가치가 네 가지로 정리됐다. 첫째, 심플해야 한다. 둘째, 재미있어야 한다. 셋째, 투명해야 한다. 넷째, 홍보가 훌륭해야 한다.

이를 토대로 주변 친구들에게 도움을 청하니 "오! 재미있겠다. 같이하자" 하는 친구들이 하나둘 생겨났다. 참 신기했다. 디자이너가 필요하면 디자이너가, 박스를 만들어야 하면 박스 제작공장 사장님…… 뭔가 이야기를 하고 열심히 찾다보면 이 가치에 공감하는 이들이 불쑥 나타나는 것이다. '제로의 힘'이라고 하던가? 일단 가진 게 없으니 예산을 더 달라고 할 곳도, 사람을 더 채용하게 해달라고 조를 곳도 없다. 제로에서 시작하는 것이니 잃을 것도 없다. 작은 무엇 하나, 사람 한 명이 더해지면 그 자체가 성공이고 플러스가 되는 상황이었다. 그저 누군가의 동참에 감사하게 되고, 사람들이 가지고 있는 귀한 재능이 얼마나 보람되게 쓰이는지 각자 스스로 느낄 수 있었다.

이렇게 하여 펜팬은 디자인과 마케팅, 제작 등 각기 다른 재능을 가진 여덟 명의 운영진이 누구나 갖고 싶어하는 귀여운 박스 디자인, 사이트 제작, 운영방법에 대한 아이디어를 확정하고 실행에 옮길 수 있었다. 한 가지 더 놀라운 것은 비영리로 운영되다보니 비용을 최대한 절약해야 하는데, 그 고충과 고민이 크리에이티브로 이어졌다는 사실이다. 펜팬은 접는 박스를 개발해, 박스 배송비용을 절반으로 줄일 수 있었다. 박스 제작공장에서도 어려워서 포기했던 일을 해낸 것이다. 펜팬 운영진들은 배송비를 절약해서 좋고, 기부자들은 박스를 접으면서 기부에 대한 생각을 하게 되니 1석 2조 효과였다.

펜 기부를 원하는 이들이 신청하면 박스가 배달되고, 그 박스에 가지고 있던 펜들을 담아서 돌려보내면 된다. 그럼 펜팬에서 볼펜의 잉크가 3분의 2가량 남아 있는지, 아이들이 쓸 수 있는 펜인지 일일이 확인한다. 처음에는 여덟 명의 운영진이 직접 처리하다가 1만 자루가 넘어가면서 더 많은 인원이 필요했다. 그래서 이제는 '팬클럽'이라는 모임의 자원봉사자들이 매주 일요일 1시 글로시박스 사무실로 모인다. 맥주 마시고 노래 들으며 볼펜을 분류하고 포장하는…… 일요일 파티가 열리는 것이다.

처음에는 1만 자루가 목표였는데 테스트 기간 동안에만 3만 자루가 모였다. 모든 일은 생각대로 되지 않는 법. 3만 자루를 모았다며 원래 배송을 책임져주겠다던 사람들에게 연락했는데 갑자기 배송이 어렵다는 것이었다. 게다가 설상가상으로 해외배송

나는 착하게 돈 번다

이다보니 중고 볼펜임에도 불구하고 수입관세를 내라는 것이 아닌가. 수입관세를 지불하면 더 필요한 곳에 쓰일 수 있는 비용이 낭비되는 셈이었다. 쓸데없는 사회적 비용이 발생하고 펜팬의 취지에도 어긋나기에, 그것을 조율하고 방법을 찾아보면서 사업만 할 때보다 공부만 할 때보다, 훨씬 더 넓은 세상을 경험하게 되었다. 여러 시행착오를 거쳐 캄보디아에 7000자루, 케냐에 8000자루, 말라위에 8000자루를 전달할 수 있었다. 좋은 뜻만 가지고서는 일이 진행되지 않음을, 탄탄한 기획과 필요치 않은 사회적 비용을 최소화하겠다는 목표를 제대로 세워야 한다는 '교과서에 없는 교훈'을 얻었다. 무엇보다 값진 배움은 일단 시도가 중요하다는 사실을 깨달았다는 것이다. 더불어 이 일에 참여한 모든 이들은 자신이 선택하고 결정한 일에서 성취를 이루는 귀중한 경험을 얻을 수 있었다.

박춘화 대표는 후원자, 수혜자를 떠나 모두가 펜팬을 통해서 '성공적인 경험'을 하길 원한다. 펜을 모아보겠다는 아이디어 자체는 쉬운 일일 수도 있지만, 펜을 모으는 활동을 통해서 기부를 대하는 사람들의 태도와 마음을 바꾸고 그 활동을 사회적으로 인정받는 하나의 캠페인으로 만드는 것은 결코 쉽지 않다. 펜팬은 그 쉽지 않은 과정이 실제로 이루어지는 경험을 통해 사람들이 '어, 정말 되네!'라는 생각을 품게 만드는 것을 가장 큰 가치로 삼고 있다.

처음에는 본업을 제쳐두고 일요일마다 나와서 이런 활동을 하는 것에 대한 거부감도 있었고, 이전부터 알고 있던 사람들과

적어도 내 인생에선 주인공이고 싶다 박춘화

하는 일이 아니라서 불협화음도 많았다. 펜을 모으는 활동에 대해 큰 가치를 부여하지 않는 사람들도 있었다. 그럼에도 펜팬이라는 이름으로 매주 웃으며 모일 수 있는 것은 '우리가 변화를 만들고 있구나' 하는 믿음을 갖고 있기 때문이다.

'정말 되네!'는 의심이 확신으로 바뀌는 경험이며, 성취를 이룬 자가 느끼는 감탄이다. 인생의 가치를 찾는 것은 우리 자신에게 달려 있다. 실행력의 바탕에는 열정이 있었고, 그 열정의 바탕에는 자신의 삶을 풍요롭게 만들고자 하는 의지, 분명한 간절함이 있었다. 하지만 이렇게 한다고 해서 모든 것을 얻을 수는 없다. 펜팬처럼 일을 벌여보고 싶은 이들에게 한마디 부탁했다. 박대표는 자신이 얻을 것과 잃을 것을 명확히 알아야 한다고 말한다.

"원래 하던대로 하면서 뭔가를 하려는 것은 욕심이에요. 일요일의 뒹굴거리는 시간은 포기해야 해요. 그리고 자신이 이전까지 100퍼센트 투자했던 일에는 이제 70퍼센트밖에 몰입할 수 없다는 것을 인정해야 돼요. 그러면 마음이 편해요. 이걸 알고 나면 어디서부터 출발해야 하는지 명확해져요. 두 가지 일을 하느라 가끔 정신없지만, 일요일에 펜팬 일을 하려면 토요일 밤에도 생각할 것이 많지만, 그 과정이 너무나 즐거워요. 비즈니스 영역의 극과 극에 있는 사람들을 모두 만나는 기분이라고 할까요?"

펜팬은 꿈꾼다. 펜 10만 자루가 만들어낼 전 세계의 변화를, 케냐, 캄보디아, 인도네시아, 우간다 등 전 세계 어린이들이 한국에서 온 펜을 부여잡고 웃는 모습을, 그리고 그 아이들이 10년 후 학사모를 쓰고 그 지역의 부흥을 위해 힘쓰는 모습을……

박대표와 유쾌한 대화를 나누고 자리에서 일어나면서 물었다.

"아휴, 그런데 본업이 아니기 때문에 멤버들이 종종 해야 할 일을 못할 때가 있잖아요. 그럴 때는 어떻게 하세요?"

그가 웃으면서 답한다.

"제가 벌인 일인데…… 그냥 제가 해요. 그래야 하는 거죠."

이렇게 조금만 피곤하면 인생이 즐겁다. 심리학자 에이브러햄 H. 매슬로Abraham H. Maslow는 이런 말을 했다.

"가장 아름다운 운명, 누구에게나 일어날 수 있는 가장 놀라운 행운은 열정을 쏟을 수 있는 일을 하는 것이다."

어떤 일이 우리에게 행운을 가져다줄지는 알 수 없지만 일단 발견해 열정을 느끼면, 그 감정은 행동으로 이어진다. 감정은 우리를 움직이는 연료이기 때문이다. 변화에 대한 간절함과 이왕이면 그 간절함을 누군가를 위한 에너지로 활용했으면 좋겠다는 생각에서 시작한 펜팬.

기부의 필요성에 대해서는 다양한 시선이 존재한다. 이왕이면 수혜자들이 더 필요로 하는 물품으로 바꿔보는 것이 어떠냐는 의견, 수혜자보다 후원자의 입장이 더 많이 고려됐다는 평가 등 다양한 의견이 있다. 박대표 역시 알고 있다. 그래서 펜팬의 변화와 작은 시도에 반영하려고 한다. 예를 들어 합창단이 갖기를 원하는 리코더를 함께 모은다든지, 시력이 나쁜 아이들에게 안경을 모아준다든지……

　펜팬과 박춘화 대표의 계획은 아직 완성되지 않았다. 새로운 도전을 통해 '내 인생의 주인공'이 된 것 같은 기분을 느끼기 시작했고, 그것을 통해 보다 더 많은 이들이 자신의 인생에 주인공이 되길 바라고 있다. 성취의 기쁨이 새로운 영역의 도전을 위한 에너지가 된다는 사실을 그는 알고 있다.

박춘화 대표가 제시하는 맨땅에 헤딩하는 노하우

하고 싶은 것, 혹은 바꾸고 싶은 일이 생겼을 때, 저 역시 제일 먼저 두려움을 느낍니다. 그것은 아무래도 미지로 가득해서 무엇을 해야 할지 모르기 때문이겠죠? 그리고 우리는 이렇게 미지를 헤쳐나가는 과정을 두고 '맨땅에 헤딩한다'라는 말로 표현합니다. 사실 '맨땅에 헤딩한다'는 말은 많은 것을 숨기고 있습니다. 그 뜻을 다시 생각해보면, 딱딱하고 울퉁불퉁해 보이는 땅 밑에 값진 가치와 보물이 숨겨 있는지 아는 사람들의 행복한 행위를 말하기도 하거든요.

첫째, 만들고 싶은 '새로움'에 대한 설렘을 이야기하라.
꿈과 리더십에 관한 유명한 이야기가 있습니다. 자신이 아무도 모르는 어느 섬에 가고 싶다면, 같이하는 이들에게 '배 만드는 방법'을 가르치지 말고 '그 섬이 얼마나 아름다운지' 말하라는 이야기입니다. 새로운 것을 만드는 사람이라면 그 새로움이 얼마나 설레는 일인지 이해하고 있어야 합니다. 사람은 생각보다 우리가 흔히 말하는 돈이나 이익으로 움직이지 않습니다. 오히려 새로운 일에서는 상상만으로도 벅찬 그 설렘이 맨땅에 헤딩하는 이유가 되곤 합니다.

둘째, 아이디어에 의존하지 마라.
새로운 것을 시작하려는 사람들은 대부분 처음에 비슷한 모습을 보이곤 합니다. 초기의 불안함도 잊을 겸, 마음과 뜻이 맞는 사람을 모아서 각자가 가진 많은 아이디어를 나누곤 하죠. 하지만 때로는 아이디어가 필요한 시점과 그렇지 않은 시점도 있는 듯합니다. 그리고 새로움의 시작에서는 아이디어의 다양성보다 그 아이디어들이 타고 올라갈 뼈대가 중요합니다. 차라리 종이 한 장이라도 꺼내어 열 시간 넘게 당신이 가진 모든 생각을 꺼내고 정리해보시길 권합니다. 어둠에서 빛을 만드는 건 돌멩이와 돌멩이가 아니라, 수많은 고민을 해온 부싯돌과 부싯돌이 교감하는 순간입니다.

셋째, 모든 것을 만들고 나서 전문가들의 조언을 구하지 마라.

새로운 일을 시작할 때, 우리는 크게 두 개의 질문 중 하나를 선택하곤 합니다. 하나는 "이 아이템 어떤 것 같아?"이고 또하나는 "너는 지금 어떤 것에 가장 불편을 느끼고 있어?"인 것 같습니다. 하지만 우리는 많은 경우 사람들에게 첫번째 질문을 던지곤 합니다. 처음의 어려운 과정, 즉 맨땅에 헤딩하는 일은 해답을 만드는 일보다는 오히려 내가 해야 하는 이유를 깨닫는 데 더 의미가 있습니다. 새로운 것이 받아들여지는 것은 '공감'의 과정이라는 사실을 알아야 합니다. 그렇다면 그 누군가에게 당신의 해답을 검증받으려 하지 마세요. 오히려 그들의 이야기를 통해 변화 이유를 이해하고 그들과 함께 새로운 변화를 만들어나가길 바랍니다.

저는 앞으로도 셀 수 없을 정도로 많이 맨땅에 헤딩을 해야 하는 젊은 사람입니다. 저는 저의 작은 이야기를 듣고 어떤 영감을 얻으시기를 기대하기보다는, 오히려 더 많은 분들의 새로움에 대한 노하우를 제가 배우고 공유하는 기회가 되기를 바랍니다.

진정한 봉사는
나를 만족시키는 것

오충현_KOICA 보건의료연구관

1. 이름

오중현

2. 직업

한국국제협력단(KOICA) 보건의료연구관

3. 죽기 전에 내 삶을 돌이켜본다면, 어떤 삶이었으면 하는가?

아이처럼 즐겁게, 나 스스로에 감사하며, 나의 또다른 이름인 너를 사랑하는 삶

4. 그것을 위해 나는 어떤 일을 하고 싶은가?

가난한 나라의 아이들을 활짝 웃게 만드는 일

5. 그 여정에서 나에게 '돈'이란 무엇인가?

나에게 돈이란 나의 소중한 시간과 에너지를, 낭비하지 않기 위해

잘 관리해야 할 수단입니다.

6. 나를 일하게 하는 '힘'은?

나는 일을 통해서 세상을 배우고 내 자아의 모음을 완성합니다.

그러므로 나에게 일은 세상과 소통하는 창입니다. 나를 일하게 하는 힘은 그 창을

적극적으로 넓혀서 세상과 너를 온전히 사랑하고, 또 사랑받고자 하는 욕구 입니다.

7. 나에게 '착하다'라는 것은?

우리의 범위를 적극적으로 넓히는 행위.

나를, 가족을, 친구를, 지역사회를, 우리나라를, 자연을 그리고 우주 안에 있는

모든 생물과 무생물들을 너가 아니라 나의 전체의 일부로 여기서 사랑하는 것.

2010년 1월 12일 아침도 다른 날들과 다르지 않은 평범한 시작이었다. 하지만 일어나자마자 컨 아침방송에서 짧은 뉴스 속보를 들으며 지구 반대편에서 평범하지 않은 날이 시작됐음을 알게 됐다.

'아이티, 진도 7.0 규모의 지진 발생. 지진의 근원지는 수도 포르토프랭스 인근.'

다소 무미건조한 아침 뉴스 자막이었지만 나에겐 '아이티, 아이티, 아이티'라는 화나고, 안타깝고, 정신없이 보내야 했던 3주의 시작을 알리는 알람이었다. 아이티는 내게 그리 가까운 나라는 아니었다. 지구 반대편에 있는 나라, 내 담당 프로젝트가 있는 도미니카공화국과 국경을 맞대고 있는 나라, 대부분 스페인어를 쓰는 중남미에서 프랑스어를 쓰는 나라, 세계 최빈곤국을 거론할 때 중남미 대표주자인 나라, 얼마 전 방송에서 진흙 쿠키로 빈곤의 심각성을 눈으로 각인시켜준 나라, 그리고 폴 파머와 짐 킴의 PIH가 이루어낸 기적 '작은 변화를 위한 아름다운 선택'이 진행되고 있는 나라일 뿐이었다. 하지만 그 나라가 지금은 내 머릿속을 떠나지 않고 있다.

KOICA로 출근하면서 3년 전 일이 떠올랐다. 3년 전 나는 남미 페루 피우라라는, 남위 5도 사막지대에서 열심히 환자를 보는 이비인후과 의사였다. 한국에서 근무하지 않고 국제협력의사로 페루에서 환자를 본다는 것이 특별해 보이기도 하지만 장소가 한국이 아니고 페루였다는 것, 환자들이 스페인어를 써서 스페인어 사전을 찾아가면서 환자를 보느라 고군분투하고 있다는 것을 제외하면 그다지 특별하지 않은 나날을 보내고 있었다.

2007년 8월 15일 페루 이카 지역에서 진도 7.9 지진이 일어났다. 얼마 후 페루 KOICA 사무소에서 연락이 왔다. 긴급 구호대를 이카 지역에 파견할 예정인데 갈 수 있느냐는 것이었다. 잠시 '여진이 계속된다는데, 교도소가 무너져 치안 통제 불능상태라는데, 내가 가 있는 동안 이곳에 남아 내내 걱정할 아내와 아이들은……' 하는 생각을 하는데 아내가 한마디 했다.

"페루 사람들을 도와주러 왔는데 정말 어려울 때 도와주지 못한다면 평생 후회하지 않겠어?"

난 평생 후회하며 살고 싶진 않았다. 그제야 짐을 꾸리기 시작했다.

─오충현 연구관의 기고 수필 중에서

오충현 연구관은 의사 자격증을 가진 최초의 KOICA(한국국제협력단) 보건의료연구관이다. 이비인후과 전문의는 이제 개발도상국에서 말라리아, 예방접종, 모자보건사업 등 다양한 국제보건활동에 참여하는 KOICA 직원이 되었다.

KOICA는 개발도상국가들에 정부 차원의 개발원조를 제공하는 대외 공적개발원조 전담 실시기관이다. 이들이 하는 일들을 쉽게 설명하면, 개발도상국가들을 어떤 방향으로 지원할지 다른 나라 원조기관과 국제기구, 해당 국가 정부 사람들과 협의하고 큰 방향을 잡아 실제 사업을 발굴한다. 또한 해당 국가의 정부가 요청하는 사업을 진행하거나 국제기구의 제안에 따라 사업을 실시하기도 한다. 나라마다 '어디는 물이 없다, 어디는 병원이 없다, 어디는 학교시설이 낙후됐다' 등 여러 수요가 있는데, 대한민국이 어디 가서 뭘 해주면 제일 좋을지, 그리고 뭘 할 수 있을지 검토한다.

사업이 진행되는 중에는 계속 모니터링하면서 건설 현장에도 가고, 민원이 들어오면 조정한다. 그 나라 사람들과 의견을 교환하고 조율하면서 사업을 진행하는 것이 제일 큰 역할이다. KOICA의 직원들은 사무소에 앉아서 회의하고 보고서를 작성하는 일도 하지만, 일주일에 한두 번은 등산화 신고 안전모 쓰고 현장을 누비기도 한다.

"양자기구나 국제기구에서 일하는 사람들이 꼭 스타벅스 컵을 들고 뉴욕 한복판에서 보고서를 읽는 것은 아니라는 사실을 사람들은 알려나?" "개발도상국으로만 돌아다니는 직업 특성상 우리는 결혼하기 힘들 거야."

KOICA 사람들이 모이면 늘 이런 이야기를 나눈다. 그리고 KOICA 사람들 사이에서도 많은 관심을 받고 있는 오충현 연구관. 도를 닦은 듯한 여유와 넉넉함을 가진 사람, 오지에 가서 말도 통하지 않는 할머니와 하루종일 쭈그리고 앉아서 이야기를 나눌 수 있는 사람, 민폐가 되지 않는다면 개발사업 현장에서 나흘 동안 씻지 않아도 마냥 즐거운 사람. 후회하고 싶지 않은 인생을 위해서, 자신의 꿈과 그 꿈에 대한 확신을 얻기 위해서 긴 여행을 하고 있다고 말하는 오충현 연구관의 여행은 어디서 시작됐을까.

'내 인생에 더 많은 일을 구겨 넣지 말자'

대학교 2학년 여름방학.

"넌 학교 졸업하고 뭐가 될 거니? 꿈이 뭐야?"

의대생들끼리만 어울리는 대학생활에서 벗어나고 싶어 들어간 학교 여행동아리. 동아리 친구들과는 시험이 끝날 때마다, 방학 때마다 전국팔도를 누볐다. 그리고 밤이 되면 다들 모여 앉아 자신의 미래 이야기를 꺼냈다. "나중에 뭐 했으면 좋겠다." "이런 사람이 되면 좋겠다." "넌 꿈이 뭐니?" 이렇게 돌아가며 서로 묻기도 하고 한숨도 내쉬며 이야기하는데, 어느 순간 자신의 순서가 오면 "너는 의사 되겠지. 좋겠다. 갈 길이 정해져 있어서……"라는 말이 먼저 나왔다.

의대에 다니니 아무것도 묻지 않고 '의사'가 될 것이라고 생각하는 친구들이 처음엔 당황스러웠다. 싫기도 했다. 무조건 의사가 꿈은 아닌데, 친구들은 의사란 직업이 모든 것을 말해준다고 생각하는 것 같았다.

그럼 만약 내가 의사가 아니라면, 지금의 이 모습이 아니라면 나는 과연 어떻게 이야기했을까? 고민을 시작했다. 그리고 의사가 아닌 진짜 꿈을 말하기 위해서 대답할 거리를 찾기 시작했다. 그리고 찾은 꿈.

'나는 어려운 나라 아이들을 돕는 사람이 될 거야.'

사실 인생 경험을 통해, 어떤 특별한 계기를 통해 생긴 꿈이 아니라 억지로 만들어낸 꿈이었다. 사람들이 꿈이 무엇이냐고 물으면 대답하기 위해서…… 게다가 이렇게 이야기하고 나니 주위 사람들이 멋진 청년이라고 부르는 것이 아닌가? 스스로가 자랑스러웠다. 정말 할 수 있을까 하는 염려도 들었지만 지금 당장 할 것이 아니라는 생각에 안도했다. '나중에…… 전문의가 되고, 돈 많이 버는 의사가 되어서 꼭 이들을 도와줘야지……' 보이지 않는 미래로 꿈을 미뤄둔 그는 내심 편했다.

시간이 흘러, 우연히 KOICA 협력의사제도라는 것을 알게 되었다. 어디론가 훌쩍 떠나고 싶다는 마음도 들고, 머릿속에서 잠시 지워졌던 누군가를 돕겠다는 꿈도 생각났다. 게다가 우리나라에서 군의관으로 근무하는 것과 마찬가지로 군대문제까지 해결된다니…… 그는 그렇게 온 가족을 데리고 페루로 떠났다.

가족들과 함께한 페루에서의 시간들은 한국에서 일상적으로 생각하는 가치관에서 벗어날 수 있게 만들었다. 제대로 잘하는 것보다 빨리 처리하는 것이 중요한 시스템 안에서 모든 것을 빠르게 해치워버리는 습관이 들었던 그는, 페루의 모래바람과 함께 그 습관들을 모두 털어버렸다.

'길게, 오래 살고 싶다. 100년은 살 텐데 더 많은 일을 내 인생에 구겨 넣지 말자. 하고 싶은 것만 하자.'

페루에 살면서 남들에게 피해 주지 않고 스스로 행복을 느끼는 일만 하기로 결심했다. 의식적으로 천천히 살아가도록 노력하기 시작했다. 그리고 천천히 꿈에 대해서 다시 생각했다. 어떤 소명이 있을까, 내 삶에 주어진 목적은 무엇일까 고민하던 중 잊지 못할 경험을 만났다.

2007년 8월 15일, 페루 이카 지역에서 진도 7.9 지진이 일어났다. 무너진 도로와 피난 차량을 피해 세 시간 거리를 여덟 시간 걸려 지진 지역에 들어갔다. 그리고 그곳에서 사람이 대재앙 앞에서 얼마나 연약한 존재인지 절실히 느꼈다. 정말 열심히 일했다. 참여한 사람들 모두 제 몸 생각하지 않고 모든 에너지를 짜내며 하루하루를 보냈다.

그가 본 것 중 가장 심장을 뛰게 한 대상은 국제적십자사와 쿠바 의료진이었다. 당시 국제적십자사는 지진 난민들을 위한 쉼터를 담당했고, 쿠바 의료진은 이카 종합경기장에 야전병원을 설치하고 헬스 클러스터health cluster를 책임지고 있었다. 우리가 열정만으로 뭉친 아마추어 구호대였다면 그들은 프로였다. 재난상황에서 무엇을 어떻게 해야 할지 평소에 철저히 준비된 전문가였다. 그들과 이야기하며 무척 부러웠다. 이듬해 협력의사 계약이 종료되어 한국에 돌아왔을 때 그는 미련 없이 KOICA에 지원했다. 그 사람들과 조금이라도 닮고 싶었기 때문이다.

"결국 인생의 목표가 잘 먹고 잘사는 거잖아요. 조금 더 고급스럽게 표현하자면 행복하기 위해서 사는 것인데, 나도 행복하고, 나로 인해서 더 많은 이들이 행복했으면 좋겠다는 생각을 했어요. 내가 처한 상황에서 선택할 수 있는 일이, 그러니까 직장이 바로 KOICA였어요."

하지만 그의 가족과 부모님을 쉽게 설득할 수는 없었을 터.

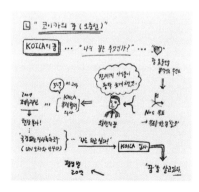

진정한 봉사는 나를 만족시키는 것 오충현

그는 염려하는 가족들에게 자신이 KOICA를 택한 현실적인 이유를 구체적으로 설명했다.

"전문의로 많이 벌어 10억 원 정도를 모은다면, 저는 죽을 때 아이들에게 전 재산을 물려줄 것입니다. 그런데 보건의료연구관은 300만~3000만 달러를 공적원조자금으로 활용할 수 있고, 정책을 잘 세우기 위해서 노력하면 매년 저는 평생 벌어도 모을 수 없는 자금을 아이들을 위해 쓰는 것입니다. 제가 하고 싶은 일을 훨씬 더 많이 할 수 있고, 게다가 월급까지 받으니 얼마나 좋아요!"

이렇게 다분히 이기적인 이야기로 부모님을 설득했다. 이후 그는 채용 공고도 나지 않은 KOICA에 문을 두드렸고, 그의 노력을 높이 평가한 기관은 그를 채용했다. 자신이 있어야만 할 곳을 스스로 만들어간 오충현 연구관은 그렇게 KOICA의 보건의료연구관이 됐다.

그가 KOICA에 들어오기 전에는 의료정책 지원사업을 만들거나 평가할 때 늘 외부 전문가들과 함께했다. 각자의 전문 분야가 다른 사람들이 모여서 한 팀으로 일하다보면 좋은 일을 한다고 하더라도 부딪치기 마련이다. 그런데 오충현 연구관은 전문의이자 KOICA 직원이기 때문에 양측의 간극을 좁히는 역할을 할 수 있었다. 또한 이전까지 각 팀별 외부 인력이 한두 개의 사업을 개별적으로 진행했다면, 오연구관은 전체 사업을 연결해 바라봄으로써 어떤 정책이 원조국가의 자립적인 발전에 실제로 기여할 수 있는지 전망할 수 있었다. 즉 그의 입사는 KOICA의 꿈을, 자신의 꿈을 동시에 이루는 셈이었다.

개발도상국에서 구호활동을 하면서 바쁘게 현장을 누비기 위해서는 어떤 성격이 좋을까? 언뜻 생각하기엔 모험심이 강하고 도전적인 사람들이 떠오르지만 국제기구나 국제협력기구에서 직원을 뽑을 때 가산점을 부여하는 성격은 '주어진 규정을 잘 지키는 사람'이다. 재난 지역에서 활동할 때 많은 주의가 필요하기 때문에, 조심성과 신중함을 기반으로 정해진 기준에 잘 따르는 사람을 선호한다.

캠프의 하루는 대략 이렇게 흘러간다. 새벽 5시 동이 트기 전 아침식사를 책임진 사람들이 식사 준비를 하고 새벽 6시에 식사를 마친다. 그리고 천막 세팅과 안전선을 준비하기 위해 1차 세팅조가 출발한다. 8시가 되면 의료진이 준비를 마치고 진료를 받기 위해 기다리는 주민 수백 명을 줄 세운 뒤, 8시 30분에 진료를 시작한다. 진료가 다 끝날 때까지 예진하는 간호사, 진찰하고 처방하고 상처 부위를 소독 및 수술하는 의사, 약을 포장하고 설명하는 약사, 환자와 원활한 의사소통을 위해 통역하는 봉사단원들, 의료캠프의 질서를 위해서 안내하고 환자에게 설명해주는 사람들이 동분서주 바삐 움직인다. 주민들은 자신들을 돕기 위해 와 있는 사람들을 따뜻하게 환영해주며 손을 꼭 잡고 감사를 표하곤 한다.

진료하고 처방한 뒤 필요한 약을 나눠주었더니 한 아이가 약

을 줘서 고맙다며 그의 손을 꼭 잡고 물었다. "약 먹을 물이 없어
요, 어떻게 먹어야 하지요?" 아침, 점심, 저녁을 먹고 나서 복용
하라고 설명했더니 다른 아이는 "먹을 게 없는데 뭘 먹은 후에 약
을 먹지요?"라고 물었다. 순간 그는 지진에 화가 났다. 물을 줄
수 없는 자신에게 더 화가 났다. 분명히 방법이 있을 텐데 이렇게
밖에 하지 못하는 스스로에 대한 분노였다. 하지만 새벽부터 줄
서서 약 한 봉지를 받은 게 고작인 난민촌에서 온 아이는, 화를 낼
수도 제대로 설명해주지도 못하고 어정쩡하게 있는 그에게 환한
웃음을 지으며 돌아갔다.

　재난 지역에서 가장 필요한 것은 쉼터, 물, 식량이다. 그러나

모든 것이 충분히 공급되지 않기 때문에 사람들에게 골고루 나눠주는 것은 정말 어려운 일이다. 어설프게 나눠줬다가는 상처받은 난민들에게 고통을 더할 수 있기 때문이다. 캠프 주변에는 의료진 등 구호 팀을 위한 식수병이 놓여 있다. 하지만 캠프에 몰려든 아이들이 물을 달라고 요청해도 줄 수가 없다. 물 한 병을 주면 또 얼마나 많은 아이들이 몰려들지 알 수 없기 때문이다.

현장에서 진료하다보면 가슴 아픈 환자들이 많다. 지진 사흘 후에 아이를 출산한 스무 살 엄마는 산도에 염증이 생겨서 온통 고름범벅이 된 채로 캠프를 찾아왔다. 지진이 나지 않았다면 조그만 의료시설에서 상처를 소독하는 것만으로 치료됐을 텐데, 치료시기를 놓친 탓에 자궁을 다 들어내야 할 정도로 심각한 상태였다. 큰 병원으로 옮겨 치료를 부탁했다. 아무것도 해준 것이 없는 그에게 환자는 알아듣지 못하는 말로 연신 고맙다고 했다. 그는 미안하고 안타깝기만 했다. 해줄 것이 없어서……

안타깝고, 화나고, 마음 아프고, 바쁘고, 정신없는 현장. 나아지지 않을 것 같은 현장에도 언제 그랬냐는 듯 한가로이 물고기를 잡고, 자신의 삶을 이어가는 때가 온다. 어떻게든 살아갈 방도를 찾아내는 사람들을 보며 그는 눈물을 흘렸다.

아프리카로, 개발도상국으로 공적개발원조 관련 일을 하러 다니는 이들은 매번 같은 질문을 받는다. 우리나라에도 도움이 필요한 아이들이 많은데 왜 멀리 있는 아이들을 먼저 돕느냐. 이에 대해 오연구관은 자신이 조금 더 힘들게 일할 수 있는 곳을 선택해서 가는 것이라고 설명한다. 우리나라에도 도움이 절실한 이

진정한 봉사는 나를 만족시키는 것 　　　　　　　　오충현

들이 많지만 그 나라에는 비교할 수 없이 많다는 뜻이다. 예를 들어 한국에서 이비인후과 의사로 환자를 도우려는 사람은 2822명이나 되지만(오연구관의 의사 면허번호가 2823번이다) 콩고와 같은 개발도상국에서는 평생 동안 이비인후과 의사를 한 번도 만나보지 못하는 사람이 부지기수다. 그는 그들에게 첫번째 의사가 되고 싶어했다. 2823번째 의사여도 해야 할 일과 할 수 있는 일이 많겠지만, 한국인이 아닌 지구인의 관점으로 봤을 때 자신은 '효용'이 높은 곳에 가고 싶었다는 것이다.

인간의 행동은 어떤 형태의 가치를 추구하기 위해서 이루어진다. 같은 여건에 있는 A와 B의 행동이 다르다면 이것은 각자 추구하는 가치가 다르기 때문이다. 그는 0에서 1로 바뀌는 데 의미를 두었다.

또하나는 개발하면 그곳 사람들이 행복하냐는 질문이다. 오연구관의 고민도 바로 이것이었다. 내가 하는 활동이 그들을 행복하게 하려는 것인데 오히려 폐를 끼치면 어떻게 하지? 그들이 우리보다 더 행복해 보이고, 그들은 삶에 감사할 줄 아는데 누가 누구를 돕는다는 거지?

한 예로 에티오피아에서 초원에 화장실을 지어주는 프로그램을 진행할 때 원래 취지는 사람들에게 위생시설을 보급해주는 것이었다. 그런데 부족민들은 오래전부터 초원에서 볼일을 해결했다. 그런 이들을 억지로 화장실에 가서 해결하게 하니 오히려 위생상태가 더 안 좋아졌다. 햇볕에 세균이 말라서 죽곤 했는데 화장실에 놓여 있으니 파리와 모기가 들끓게 된 것이다.

나는 착하게 돈 번다

과연 이들의 행복을 위해서 하는 행동이 맞는지 지금도 풀리지 않는 궁금증이다. 하지만 위로가 되는 생각들을 정리해보니 한결 마음이 놓인다고 한다. 많은 사람들이 개발을 서구화나 문명화로 생각하는데, 기아와 빈곤 문제에 초점을 맞춘 경제학의 틀을 확립해 노벨 경제학상을 받은 아마르티아 센Amartya Sen은 다르게 정의했다. 그에 따르면 개발은 인간의 자유를 증진시켜주는 활동이다.

개발은 인권을 가진 인간이 인간답게 살 수 있는 권리를 선택할 수 있게 기회를 주는 것이다. 예를 들면 아프리카에는 보건소가 없는 곳이 많다. 보건소가 없는 마을에 사는 사람들은 인간답게 살기 위해서 병을 치료할 권리가 박탈된 것과 마찬가지니 그 기회를 주는 것이다.

‘누 가   나 에 게   도 울   권 리 를   주 었 는 가?
나 는   도 울   권 리 가   있 는 가?’

재난으로 끔찍한 시간을 보내는 이들, 개발도상국의 힘겨운 사람들을 만나러 갈 때는 고통을 덜어주기 위해 가능한 것을 전부 해야 한다. 이들 역시 삶의 존엄성을 영위하며 살아갈 권한이 있으며 따라서 도움을 받을 권리 또한 있다. 가능한 모든 것을 했는가? 아이들이 우리와 똑같이 삶의 존엄성을 영위할 수 있을 만큼 도움을 주었는가? 오연구관이 늘 던지는 질문이다.

그가 직접 현장을 뛰어다니며 배운 것은 순간에만 열심히 하는 것으로는 부족하다는 사실이다. 긴급하지 않은 시기에 얼마나 준비하고 공부하고 연습했느냐에 따라, 긴급한 상황에서 효과적으로 사람들을 구호할 수 있는지 결정된다는 것이 그의 주장이다. 공부하고 훈련받은 사람이 되기 위해, 그가 닮고자 했던 사람들처럼 되기 위해, 그는 나와의 첫번째 인터뷰가 끝나고 6개월 후 훌쩍 떠났다. 런던 위생열대의학 대학원에서 개발도상국을 위한 공공의료과정을 공부하기 위해서였다. 보건학이라는 수단을 가지고 개발학을 공부하는 것, 쉽게 말하면 가난한 나라의 아이들이 어떻게 하면 더 건강하고 행복하게 살 수 있도록 도울 수 있는지 배우는 일이다.

페루에서 지낼 때처럼 가족만이 그의 곁에 남았다. 특히 런던의 살인적인 물가 때문에 네 식구가 방 한 칸에서 함께 지내고 공동 부엌을 사용하며 보냈다. 석사과정을 죽어라 공부하며 생각하고 고민하고, 가족과 함께 살 비비며 살아온 1년. 새로운 도전이 아닌 하고 싶은 일을 했을 뿐이라는 그는 공부를 하며 생각의 변화가 생겼다고 했다.

가장 큰 변화는, 예전에는 '가난한 나라의 아이들을 위해서 어떻게 하면 좀더 효과적으로, 어떻게 하면 좀더 효율적으로 대한민국 정부의 지원금을 활용할까? 그리고 서비스를 제공할까?'라는 질문과 노력을 했는데, 지금은 '돕는다는 것이 과연 올바른 것인가? 누가 나에게 도울 권리를 주었는가? 나는 도울 권리를 가지고 있는가? 왜 가난한 나라의 아이들이 더 아프고 더 고통받을까? 그런 사회적이고 구조적인 문제를 해결할 수 있을까?'와 같은 질문을 하며 이것을 해결하기 위해 노력해야겠다는 쪽으로 생각이 바뀐 것이다.

늘 미소 짓게 하는 그의 메일. 그가 공부를 시작한 지 1년 후, 한국에 돌아왔을까 싶어서 연락을 취했다. 그리고 얼마 후 도착한 메일 한 통. 오로라를 보기 위해 북극으로 가는 배 위에 있다는 소식이었다. 단순히 여행을 떠난 것이 아니었다. 자세히 밝힐 순 없지만 어떠한 목적을 위해 또다시 먼 길을 떠난 오연구관. 역시나 그답다.

내전이 일어나고, 지진이 나고…… 온 세상을 뒤집을 것 같은 뜨거운 관심을 받았던 일들도 어느 정도 시간이 흐르면 기억에서 잊힌다. 그 역시 안타깝고 뜨겁고 정신없는 또다른 하루를 시작하고 있다. 하지만 그 현장은 뜨거운 관심을 받을 때와 별반 달라지지 않았다. 많은 이들이 죽어가고 잊히고 있다. 하지만 희망적인 것은 여전히 그 현장에는 열심히 살아가려는 사람들이 있고, 그 현장을 도우려는 사람들이 있다는 사실이다. 재건 복구사업에 대한 그림을 그리며, 자신의 손을 잡아주던 맑은 눈동자를 가진 아이에게 조금 더 희망을 줄 수 있을지도 모른다는 희망에 그는 늘 가슴이 뛴다.

오연구관은 말한다. 숭고한 사명 때문에 하는 것이 아니라고. 그저 자신의 인생에서 지금까지 찾았던 것 중 가장 즐겁고 설레는 일이었기 때문에 하는 것이라고. 그는 만약 꿈이 없어 답답하

진정한 봉사는 나를 만족시키는 것   오충현

다면 공동체에서 찾아보라고 한다. 타인의 행복과 나의 행복이 다르지 않다면서. 이 사실을 알고 있는 그가 진정 멋졌다.

　사람이 사람을 사랑하는 것은 쉬운 일이 아니다. 지속적으로 사랑한다는 것은 더욱 어려운 일이다. 하지만 우리가 기억해야 할 사실은 우리는 모두 지구촌 가족이며, 함께 살아가야 한다는 것이다.

오충현 연구관의 부탁편지

도현영 작가님께.

제가 경험한 일에 대해서 에피소드를 말씀드릴 수는 있지만 두 가지 부담스러운 점이 있습니다.

하나는 저를 봉사자로 보거나 제가 하는 일을 봉사로 보는 시선입니다. 그냥 제가 좋아서 하는 일일 뿐 봉사나 뭐 그런 거창한 일을 하는 것이 아닙니다. 좀더 솔직히 말씀드리면 제가 하는 일이 가난한 나라 아이들의 행복에 도움이 되는지에 대한 확신도 갖기 힘듭니다. 그래서 저는 제 나름대로 꿈에 대한 확신을 갖기 위해서 긴 여행을 하고 있다고 생각합니다. 그리고 나중에 제가 하고 싶은 일을 할 때 다른 사람들에게서 "너는 봉사자라면서 왜 그런 일을 하고 있나?"라는 질문을 받고 싶지 않습니다. 보셔서 아시겠지만 저는 이태석 신부님이나 지금도 자신을 희생하며 현장에서 열심히 함께 아이들과 뛰어노는 진정한 의미의 봉사자가 아닙니다.

또하나는 개발도상국의 상황을 소개하면서 그들을 너무나 동정적이고 우리가 도와주어야 할 대상으로 소개하는 것이 부담스럽습니다. 사실 제가 그들에게 더 도움을 받았습니다. 우리가 더 뛰어난 점이 있듯이 그들이 더 뛰어난 점도 있어서, 서로 많은 도움을 주고받는 그런 관계가 대부분입니다. 누군가를 도와주고 있는, 언론에서 비치는 그런 모습이 되지 않았으면 좋겠습니다. 저는 그저 제 일을 하고 있는 것입니다. 이 글을 읽는 모든 분들이 행복했으면 좋겠습니다.

오충현 드림

내가 해야만 할 것 같은
일을 한다는 것

정유진_조선일보 공익 섹션 '더 나은 미래' 기자

1. 이름

정유진

2. 직업

기자

3. 죽기 전에 내 삶을 돌이켜본다면, 어떤 삶이었으면 하는가?

세상에 선한 영향력을 미치는 삶이 되길 소망합니다.

도움을 주려는 사람과 도움이 필요한 이들을 연결하는 징검다리가 되고 싶어요.

4. 그것을 위해 나는 어떤 일을 하고 싶은가?

제가 가진, 작지만 다른 이들에게 도움이 될 수 있는 재능을 나누고 싶습니다.

일단 더 나은 미래 기자로서 세상에 드러져 있지만 알려져야 하는

다양한 이야기들을 전하고 함께 나누고 싶습니다.

5. 그 여정에서 나에게 '돈'이란 무엇인가?

글쎄요. 선한 영향력을 위해 고민하고 일하는 과정에서

생활이 가능할 수 있도록 돕는 물체같까요. 있다가도 없는 것?

6. 나를 일하게 하는 '힘'은?

공익 분야에 대한 '애정'입니다.

취재 현장에서 만나는 소외된 이웃들. 또 이분들을 위해 다양한 고민과 활동을

하시는 분들. 이 모든 분들이 행복하길 바라는 그건 애정이 아닐까요.

7. 나에게 '착하다'라는 것은?

배려하는 것? 이해하는 것이 아닐까요? 공익 분야를 취재하면서 '사람'이

중요하다는 걸 항상 느낍니다. '사람'이 하는 일이기 때문에 서로 응원하고

이끌어주고 도와주는 또다른 '사람들의 역할이 중요하거든요.

서로 배려하고 이해하는 것이야말로 가장 필요한 부분이라 생각합니다.

세상에는 수많은 직업이 있다. 목욕관리사, 에디터, 경찰, 변호사, 의사, 큐레이터, 미화원 등 잠깐만 생각해도 수많은 직업이 떠오른다. 한국에는 대략 1만 1000여 개의 직업이 있다고 한다. 지금 이 순간에도 직업들은 늘어나고 있다.

같은 직업을 가지고 있는 모든 이들이 같은 목적을 가지고 일하는 것은 아닐 것이다. 명사로 표현되는 직업에 목적이 생기는 순간, 그 직업은 살아 움직이는 '동사'가 된다. 그만큼 일에 활기가 생기고 그 일을 하는 사람에게 생동감이 넘친다는 뜻이다.

내가 아는 어느 출판사 기획자는 작업을 통해 글에 생명을 불어넣어 작가의 꿈을 실현시켜주는 소명이 있다고 하고, 어떤 미술전시 감독은 자신이 돈을 버는 이유에 대해서 빛을 보지 못하는 배고픈 신진 작가를 데뷔시켜주기 위해서라고 말한다. 매일

새벽 4시에 길을 나서는 미화원은 지구의 한 귀퉁이를 깨끗하게 하기 위해 일을 한다고 하고, 아프리카에서 봉사하는 안과 의사는 새 눈을 주면 그들이 자기가 볼 수 있는 가장 좋은 것을 보리라고 진심으로 믿기 때문에 일한다고 말한다.

목적이 있을 때는 내가 내 인생에서 일어나는 일의 '원인'이 된다. 목적이 없을 때 내 인생은 내게 일어나는 일들의 '결과'가 된다. 이 말처럼 삶의 목적은 그저 닥치는 대로 살아가고 싶지 않은 당신에게 희망의 빛이 되기에 충분하다. 당신이 지금 당장 하고 있는 일을 '당신만의 언어'로 바꿔보는 것은 어떨까? 많은 이들이 생각하는 명사의 직업을 동사로 바꾼 사람을 찾아 나섰다.

하고 싶은 일, 잘할 수 있는 일,
해야만 하는 일

스무 살 즈음, 어떻게 하면 내가 좋아하는 것을 다 하고 살 수 있을지, 최대한 많은 것을 이루며 살아갈 수 있을지에 대한 고민을 했다. 머리가 아팠다. 치열한 경쟁의 세계에서 누군가를 밟고 올라서야 하는데, 나에겐 그런 의지도 재능도 없었다. 그러던 중 당시 참 많이 좋아했던 가수 박진영씨의 '희생과 헌신'에 대한 이야기를 들었다.

토크쇼에 나와서 그가 한 말. 앨범을 발표하기 전까지는 성공을 얻기 위한 희생을 자처한다고 했다. 예를 들어 준비기간 동안 금연을 하고 술을 마시지 않고 커피도 삼가고, 평소에 즐기던 것들을 아예 끊어버린다는 것이다. 건강을 위해서가 아닌 무엇인가를 얻기 위한 희생이라고 했다. 세상에는 공짜가 없다는 깨우침을 스무 살이 갓 된 나에게 깊숙이 심어준 이야기였다.

값을 치러야지만 얻어낼 수 있는 것들은 늘 우리를 힘들게 한다. 성취를 향한 기대보다는 고생에 대한 두려움이 앞서는 이유다. 그래서 누군가는 인생은 살아도 살아도 어렵다고 했다. 하지만 조금 더 쉽고 빠르게 이룰 수 있는 방법을 아는 영리한 이들이 있다. 분명한 목적을 향해 경쟁이 아닌 협력으로 나아가는 사람들은 진짜 행복이 무엇인지 아는 이들이다.

사람은 똑같다. 남이 나를 위해 뭔가 해줬으면 한다. 내가 상대를 사랑하는 것처럼, 상대도 나를 사랑해주길 바란다. 여기 한 가지 방법이 있다. 사람들이 이타적으로 행동했으면 좋겠다고 생각하는 사람은, 이타주의자에게 둘러싸여 있다는 느낌을 전달하는 것이 좋은 방법이다.

이것은 취리히의 대학생들을 대상으로 실험한 결과로 입증됐다. 학생들에게 유학생을 돕기 위한 기금 조성에 참여하겠느냐고 물었다. 스위스 대학은 학비가 적지 않아 대부분 아르바이트로 학비를 내는데도 많은 학생들이 기금 조성에 협력하겠다고 답했다. 이 학생들이 유독 착해서? 이 실험의 비밀은 설문지에 이미 대부분의 학생이 돈을 냈다는 설명을 적은 것이다. 반대로 참가 학생 수가 적다고 하니 참여도가 떨어졌다. 이것이 '선한 영향력'을 가진 이들, 세상에 빛이 되어주는 이들이 더 알려져야 하는 이유다.

조선일보 '더 나은 미래(www.betterfuture.kr)'는 공익 기사만 전문적으로 다루는 지면이다. 매주 화요일 발간되는 이 지면을 인지하게 된 것은 신문 기사를 읽다가 유독 훈훈하고 기분좋게 아침을 시작할 때, 혹은 저녁까지 기사의 여운이 오래 남아 있을 때였다. 그날들은 화요일이었고 화요일은 '더 나은 미래'가 발행되는 날이었다. 매일매일 함께 발행되는 건강, 경제, 여행 등 여러 지면 중 유독 마음에 닿는 기사가 많았다.

공익 기사만 다루는 것은 돈이 되지 않는 일이다. 그리고 발품을 정말 많이 팔아야 하는 일이다. 한 SPA 브랜드의 방글라데시 의류공장에 참사가 났을 때 바로 방글라데시로 날아가서 취재

내가 해야만 할 것 같은 일을 한다는 것

하고, 복지정책이 잘못된 방향으로 갈 때는 심층보도로 방향에 대한 지적도 하고, 나눔과 봉사를 실천하는 사람들에게는 칭찬과 격려를 한다. 그리고 잘못된 시선들, 편견에 맞서 그것을 깨뜨리기 위한 노력도 게을리하지 않는다. 매주 화요일 아침마다 기사를 보면서 얼마나 많은 공을 들였을까 내내 궁금했다. 그러던 중 한 기자가 눈에 들어왔다. 누군가의 도움이 전해졌다는 소식에서 끝내는 것이 아니라 '그후에 어떻게 됐다. 도움을 받아 학교를 졸업한 친구가 나눔을 실천하고 있다'라는 식으로 베품이 선순환되는 모습을 알려주는 기자였다.

그녀가 만나고 싶어졌다. 그래서 만났다. 씩씩한 목소리, 그리고 여린 몸에서 에너지가 뿜어져나오는 사람. 자리에 앉자마자 좋은 말씀을 듣고 와서 가슴이 벅차다는 말로 입을 연 그녀의 이름은 정유진이었다. 의사로서 자신의 분야에서 바른 정보를 알리기 위해 노력하는 주인공을 만나고 와서 '힐링되었다'는 그녀는 공과 사의 경계 없이 그 시간을 즐기고 있었다. 그녀는 자신이 하고 싶은 일과 잘할 수 있는 일, 그리고 해야만 하는 일이 정확히 일치하는 일을 하고 있었다. 이렇게 자신에게 딱 맞는 일을 사회에 나온 지 5년 만에야 찾게 됐다.

새 로 운 길 을 열 어 준 우 간 다 프 로 젝 트

'왜 나는 안 될까? 최선을 다했는데도 왜 안 될까?'

나는 착하게 돈 번다

정유진 기자는 사법고시에 꼬박 3년을 매달렸다. 시험을 준비하는 동안 정말 최선을 다했다. 하지만 그 길은 열리지 않았다. 막막했다. 3년째 되는 해에 이번에 안 되면 '진짜 마지막'이라는 생각을 했다. 시험을 보고 나서 그 결과에 대한 궁금증이나 아쉬움보다는 후련함이 컸다. 어찌 됐든 빨리 벗어나고 싶다는 간절함이 컸기 때문이다.

하지만 후련함 뒤에 찾아온 허전함. 막상 사법고시를 내려놓고 나니 무엇을 해야 할지 앞이 보이지 않았다. 어릴 때부터 작곡을 해왔으니 음악 공부를 해볼까? 여행을 갈까? 아니면 대기업에 취직해야 하나? 여러 가지 생각을 해봤다. 시험 외에는 다른 그림을 한 번도 그려본 적이 없었다. 음악으로 돈을 벌 수 있을 것 같지는 않고, 여행을 가자니 돈이 필요할 것 같고, 취직을 하려고 하니 그것 또한 나의 길이 맞는지 덜컥 겁났다.

그러다 우연히 접한 어느 기업의 인턴사원 공고! 재미있겠다는 생각에 문을 두드렸고, 그녀는 '기획 팀'에서 일할 기회를 얻었다. 매일같이 법을 외우던 그녀가 '무'에서 '유'를 만들어내는 일에 도전하게 된 것이다. 기획이 무엇인지 하나도 모르고 시작했지만 재미있었다. 새로운 일이 그저 신났다.

나도 무엇인가 할 수 있다는 자신감과 믿음은 그녀를 더욱 힘차고 당당하게 만들었고, 기획에 대한 흥미를 발견한 지 2개월 만에 주간지 기자가 되었다. 그토록 열심히 매달렸던 사법고시는 아무리 두드려도 문이 열리지 않는데 기자의 문은 의외로 쉽게 열렸다. 하지만 생각과 너무나 달랐다. 멋진 사람들을 만나고,

때로 세상을 뒤흔드는 기사를 쓰는 기자라는 직업은 화려해 보이지만 그 뒤에는 감당하기 힘든 고충이 있다. 매일 시간에 쫓기고, 사람에 시달린다. 특히 매체 특성상 심층보도가 많기 때문에 한 사람에게 질문하더라도 원고를 마감하기 전까지 의심, 의심 또 의심이다. 질문, 질문 또 질문이다. 경쟁의 압박, 특종에 대한 압박, 마감과의 전쟁은 그녀를 지치게 했다.

지쳐갔지만 그녀의 하루는 똑같이 흘러갔다. 기사 발굴과 취재, 야근. 사회적으로는 의미 있는 일이지만 힘들었다. 에너지 소모가 심했다. 그렇게 1년 반 정도 시간이 흘러갔을 즈음, 우연히 우간다 어린이들 이야기를 들었다. '정말 많은 도움이 필요한 아이들을 위해서 무엇을 할 수 있을까?' 생각하다 색다른 이벤트를 기획해보기로 했다. 사진작가 이한나씨가 우간다에서 찍어온 사진들로 전시회를 하고 싶어한다는 이야기를 접했다. 그리고 우간다 아이들은 우리가 생각한 것처럼 도움이 필요한 것이 아니라 가능성에 대한 투자를 필요로 한다는 사실도 알았다.

왜 부자들을 돕는 것은 '투자'라고 하고, 가난한 이들을 돕는 것은 '비용'이라고만 말하는가.

— 룰라 다 실바Lula da Silva, 전 브라질 대통령

이들의 가능성에 투자할 사람들을 찾기 위해 판을 벌였다. 정 기자가 우간다 아이들을 위해 직접 작사·작곡한 곡들을 연주하고, 이작가가 찍어온 사진들을 전시하는 이벤트였다. 세브란스

병원 로비에서 진행된 첫번째 우간다를 위한 행사는 그렇게 누군가에게 행복을 준다는 것이 결국 내가 행복해지는 길임을 알게 해줬다. 또한 내가 행복해지면 내 주위 모든 사람들도 행복해질 수 있다는 사실을 일깨워줬다.

아무리 힘들고 지치더라도 아이들의 얼굴을 떠올리면 누워 있다가도 일어나게 되었다. 이성적으로는 설명할 수 없는 비이성적인 에너지가 샘솟았다. 그렇게 우간다 프로젝트를 하면서 '가치'에 대한 의미를 발견한 뒤, 가치를 실천에 옮길 수 있는 보다 적극적인 자리가 어디일까 고민했다.

한 라디오 프로그램에서 '비전'은 가치와 의미를 먹고 자라나는 나무와 같다고 했다. 확실하고 뚜렷한 가치를 발견한 사람은 그것을 이룰 수 있는 일과 역할을 찾는다. 정기자는 스스로에게 '이 일을 통해 나는 세상에서 어떤 역할을 할 것인가?' 하는 본질적이고 중요한 질문을 던졌다. 그냥 그날그날 상황에 밀려가듯 살고 싶지는 않았다. 그러던 중 조선일보 더 나은 미래 섹션에서 기자를 뽑는다는 공고를 봤다.

사실 그 공고를 보는 순간 정기자는 뜨거운 눈물을 흘렸다. 말로 설명할 수 없는 기쁨, 그리고 소름. 어떠한 설명도 필요 없이 자신이 가야 할 곳은 이곳이라는 생각을 했다. 이곳이라면 내가 잘할 수 있는데, 내가 할 수 있는데, 내가 해야만 할 것 같다는 생각이 들었다. 우간다 프로젝트를 통해서 누군가를 위하고 아끼고 응원하는 일에 대한 진심이 생겼기 때문이다.

거의 눈물로 자기소개서를 써내려갔다. 왜 자신이 이곳에 가야만 하는지, 자신이 무엇을 할 수 있는지 적는데, 그토록 간절히 하고 싶은 일이 있고 또 그 일을 할 수 있는 무대가 있다는 사실이 감격스러워 자꾸 눈물이 흘렀다. 진심이 통한 걸까. 그녀는 어마어마한 경력을 지닌 다른 지원자들을 물리치고 혼자 더 나은 미래의 가족이 됐다.

그녀를 채용한 더 나은 미래 대표는 공익 분야 기사를 담당할 기자에게 가장 필요한 것은 진정성인데, 우간다를 위해 직접 프로젝트를 기획하고 진행한 사례가 그녀의 열정과 진심을 보여줬다고 설명했다.

사법고시 준비 3년, 주간지 기자 2년, 그 5년 동안 정기자는 무엇을 하고 싶은지, 어떤 사람이 되고 싶은지 명확히 알게 되었다. 그리고 이제 그녀는 행복한 기자가 되기로 결심했다.

"가장 좋은 것은 세상을 변화시키고 싶은 분들, 그 과정에 있는 분들을 만나니 그분들에게 전달받는 에너지가 상당하다는 거예요. 매번 힐링하는 기분이랄까? 마감에 치여 지치다가도 그분들에게 받는 에너지가 힘이 돼요. 좋은 이야기만 다루니 덜 힘들 것 같죠? 고민을 더욱더 치열하게 합니다. 왜냐하면 사회악은 찾아내고 비판하기 쉽지만 공익은 누구를 위한 것인지, 이 기사가 나왔을 때의 파장은 어떨지…… 좋은 기사라고 하더라도 그 기사의 주인공에게 어떤 영향을 끼칠지 면밀히 고려해야 하거든요.

따뜻하고 좋은 이야기로 사람들 마음을 터칭하고 움직일 수 있게 하면서, 동시에 공익 분야의 개선해야 할 점은 반드시 짚어야 합니다. 많은 매체에서 다루지 않기 때문에 해야만 하는 일이 훨씬 더 많다고 생각해요."

이런 경우도 있었다. 어떤 부부가 7년째 어려운 이웃을 돕고 있었다. 이들은 조금 더 많은 이들이 함께 참여하게 하려고 동네에서 기부와 후원을 받고 있었다. 협력으로 선을 이룬 케이스라 말씀만 들어도 도와주신 분들에게 감사한 마음이 들어서, 그분들 중 몇 분을 기사 말미에 소개했다. 그런데 예기치 않은 일이 벌어졌다. 오랫동안 도움을 주었던 분이 누락됐는데 서운했는지 갑자기 지원을 끊겠다고 했다는 것이다. 집 보증금 후원이라 수혜자가 당장 길에 나앉을 상황이었는데…… 결국 좋게 마무리되었지만 지금 생각해도 아찔한 기억이다.

기사를 통해 변화를 이끌어낸 뿌듯한 경험도 있다. 더 나은 미래에서 아동의 꿈을 찾아준 좋은 프로젝트를 찾아 기획 기사를 쓴 적이 있다. 한 비영리기관과 기업이 장애인 청소년들을 위한 프로젝트를 진행하고 있다는 내용이었는데, 기사가 나간 뒤 비영리기관에서 연락이 왔다.

"원래 올해까지만 하기로 한 사업이었어요. 기업 후원이 끊기면 프로젝트를 어떻게 해야 하나 걱정이 많았는데, 해당 기업에서 기사를 보고 '우리가 좋은 사업을 하고 있었구나'라고 깨달았다며 사업을 계속 지속하겠다는 연락이 왔네요. 감사합니다."

이뿐이 아니다. 해외 빈곤 아동의 실태를 다룬 기사를 보고 한 기부자가 NGO에 몇천만 원을 기부하겠다고 나선 사례도 있다. 탈북 청소년 관련 기사 보도 후, 여성부 등이 관련 기관에 문의를 하고 부처 관계자들이 모여서 비보호 아동을 위한 법 개정과 절차를 검토한 적도 있다. 긍정적인 변화와 개선을 이끌어낼 수 있는 일, 정기자가 이 일을 사랑할 수밖에 없는 이유다.

『여덟 단어』에서 저자 박웅현은 딸아이에게 이렇게 말한다.

"여행을 생활처럼 하고 생활을 여행처럼 해봐. 이 도시를 네가 3일만 있다가 떠날 곳이라고 생각해. 그리고 갔다가 다신 안 돌아온다고 생각해봐. 파리가 아름다운 이유는 거기에서 3일만 머물기 때문이야. 그러니까 생활할 때 여행처럼 해."

도시가 아닌 당신의 삶이 단 3일만 남았다면, 그런데 그 3일을 일만 해야 한다면, 당신은 당신을 이끄는 '목적 있는 일'을 하고 싶을 것이다. 정기자는 바로 그런 일을 찾은 행복한 사람이다. 그 행복한 기록이 담긴 정유진 기자의 일기들.

1.

드디어 한국이다! 아프리카는 참으로 매력적이고 잠재력이 있는 땅이다. 2주간 가나, 에티오피아, 모잠비크, 짐바브웨를 돌면서 아프리카의 진정한 모습을 한국인이 너무 모르고 있다는 생각에 안타까운 마음이 들었다. 아프리카에 대해 물으면, 열에 아홉이 뼈만 앙상하게 남은, 배고픔에 울고 있는 아이들을 떠올린다. 사막의 목마름, 말라리아, 에이즈로 죽어가는 주민들의 모습을 떠올린다. 그동안 우리가 TV에서 접한 아프리카의 모습이 바로 그러했기 때문이다. 우리가 보지 못했던 아프리카의 가능성, 주민들의 잠재력을 가감 없이 알리는 일, 가능성을 현실로 만드는 접점을 찾는 일이야말로 기자로서 내게 주어진 또하나의 소명이란 생각이 들었다.

2.

방콕에서 태국 빈민층이 사는 우본 지역을 들러, 라오스로 들어갔다. 라오스는 아름다운 자연을 간직한 나라지만, 우민정책 때문에 아동은 물론 성인들까지 충분한 교육을 받지 못하고 있다. 학교에서 오전수업이 끝나면 아이들은 점심을 먹기 위해 모두 집으로 걸어간다. 급식도 도시락도 없다. 모든 학교들의 방침이란다. 가난한 아이들에겐 괴로운 시간이다. 점심시간 이후 학교로 돌아오는 아이들 수가 적은 이유도 그 때문일지 모른다. 아동교육에 비전을 가진 NGO와 영양, 건강에 전문성을 가진 NGO가 라오스에서 만나 협력하면, 더 나은 미래가 열리지 않을까.

3.

9일간의 아프리카 말라위 출장을 마쳤다. 말라위는 빈곤한 가운데서도 평안과 여유, 그리고 순수함을 잃지 않은 젊고 싱그러운 농촌이었다. 말라위의 평균 수명은 50세. 끝없이 펼쳐진 옥수수밭에서는 청년들이 땀 흘리며 농사를 짓고 있었다. 노인층만 남은 우리나라 농촌풍경과 너무 달랐다. 말라위 주민들은 배고픈 시기에 내가 가진 곡식을 더 비싸게 팔아 수익을 남기는 것보다는, 어려운 이웃을 위해 모아놓은 곡식을 시가보다 싸게 내놓는 선한 이들이었다. 늘 감사하는 이들의 모습에 나 자신을 반성하게 됐다. 나는 하루를 얼마나 감사하며 살고 있었는지…… 전기도 자주 나가고, 물도 끊기고, 인터넷도 전화도 안 터지고, 손바닥만 한 바퀴벌레들 때문에 잠을 뒤척였지만, 말라위는 내가 그동안 갔던 모든 나라를 통틀어 가장 인상적인 곳이자 가장 성장 가능성이 있는 나라였다.

우리 모두는 타인을 위한 귀한 마음을 갖고 있다. 만약 느끼지 못한다면 살짝 잊고 있을 뿐이다. 당신 안에는 폭발할 수 있는 우연한 계기를 기다리는 선한 영향력이 있다. 정기자는 우리와 다른 특별한 사람이 아니라, 우리보다 일찍 그 영향력을 발견하고 발휘한 사람일 뿐이다.

세상의 긍정적인 뉴스를 전하는 매체, 더 나은 미래

'더 나은 미래'는 나눔, 봉사, 기부, 복지 현장, 기업 사회공헌, NGO 활동, 국제개발원조, 환경, 문화예술, 보건의료 등 다양한 영역에서 공익 이슈를 취재 및 발굴하고 있는 공익 섹션이다. 다함께 행복하기를 꿈꾼다는 더 나은 미래의 허인정 대표가 종종 듣는 질문은 더 나은 미래가 꿈꾸는 '미래'가 무엇이냐는 것이다. 그럴 때마다 그녀는 웃으면서 답한다. 기존 언론이 잃어버린 시각, 그리고 우리에게 꼭 필요한 세상의 이야기를 전하는 게 더 나은 미래의 '정체'이고, 자본이나 시스템 대신 사람이 중심이 되는 세상이 우리가 꿈꾸는 '진짜 미래'라고.

2010년 5월 창간된 더 나은 미래는 몇 명의 뜻 있는 기자로부터 시작했지만, 점점 그 폭을 넓혀 뜻을 함께하는 사람들을 모으고 서로 의견을 나누고 한발 더 나아가 시스템을 바꾸어 세상의 변화를 만들어내는 데 목표를 두고 있다. 세상을 바꾸지 못하는 이유가 돈이 없어서라거나 누가 나빠서라고 탓하는 대신, '어떻게?'에 대한 해답을 찾으려고 한다. 비난과 편 가르기 대신 대안을 제시하고 실천에 옮기는 것이 목표인 더 나은 미래. 이 매체의 최종 꿈은 더이상 도움이 필요한 사람들이 없어져서, 모두가 행복해져서, 더 나은 미래가 없어지는 것이다.

나만을 위해서는
살지 않겠다

이의헌_JUMP 운영위원

1. 이름

   이 의현

2. 직업

   점프 운영위원 & 서베이몽키 콘크 대표

3. 죽기 전에 내 삶을 돌이켜본다면, 어떤 삶이었으면 하는가?

   가족들이 사랑하는 사람

4. 그것을 위해 나는 어떤 일을 하고 싶은가?

   일과 가족, 나 사이에 최적의 균형 찾기

5. 그 여정에서 나에게 '돈'이란 무엇인가?

   그 균형을 잡고 유지하는 데 유용한 수단 도구 중 하나

6. 나를 일하게 하는 '힘'은?

   가치, 동료, 신앙(비전)

7. 나에게 '착하다'라는 것은?

   나와 이해관계가 없는 사람들의 삶을 생각해보고, 실천하는 것

김유진_JUMP 운영위원

1. 이름

  김유진

2. 직업

  비영리단체의 공간관리자 + 글 쓰는 사람

3. 죽기 전에 내 삶을 돌이켜본다면, 어떤 삶이었으면 하는가?

  사랑하는 사람들과 함께 충만한 삶을 누리고, 후회없이 내 재능을
  펼치고 떠난 삶. 신앙인으로서 목적을 따라가고, 역사 앞에서 적어도
  부끄럽지 않다고 느낄 만한 삶.

4. 그것을 위해 나는 어떤 일을 하고 싶은가?

  하루하루 풍성하고 의미 있게 채워가도록 노력하고,
  부지런히 듣고, 읽고, 쓰는 일.

5. 그 여정에서 나에게 '돈'이란 무엇인가?

  소중히 다뤄야 하는 대상.
  동시에 지배받는 일이 없도록 경계해야 하는 대상.

6. 나를 일하게 하는 '힘'은?

  내가 얻은 영감, 내가 기여할 수 있는 가치와 결과들.
  나를 응원해주는 가족들과 가까운 지인들.

7. 나에게 '착하다'라는 것은?

  타인의 고통에 민감하게 반응하고, 해결하기 위해 지혜를 모으는 것.
  (김상봉 반병섭의 "함께 울어주는 사람")

'쾌락의 쳇바퀴'라는 개념이 있다. 자동차나 휴대전화를 바꾸면 기분이 좋아지지만 그 쾌감은 지속되지 않는다. 그와 똑같은 행복감을 느끼려면 또다시 새로운 자동차와 휴대전화로 바꿔야 한다. 이런 식의 쾌감을 추구하는 형태를 심리학자들은 '쾌락의 쳇바퀴'라고 부른다. 이 쾌락의 쳇바퀴에서 내려야 한다는 사실을 깨달으면 지금 이 순간부터 자신의 인생을 보다 풍요롭게 즐길 수 있다고 한다.

우리는 새로운 욕망을 채우기 위해 큰 꿈은 저 멀리 두고, 지금 당장 실천 가능한 꿈도 구석에 처박아두고 산다. 하지만 세상에서 가장 행복한 사람들은 이렇게 영원히 이어지는 쾌락의 쳇바퀴 위에서 살지 않는다. 자기 일에 보람을 느끼고 원대한 목적의식이 있으며, 소유에 대한 집착을 줄이는 대신 자신이 더 행복해

지는 방법을 알고 있다. 세상에 필요한 사람이 되는 방법, 행복하게 사는 방법을 스스로 선택한 사람들이다.

물 음 표 가   느 낌 표 로   바 뀌 는   순 간

하버드 케네디스쿨의 마지막 수업, 학생들이 진지하게 수업을 듣고 있다. 강의실 앞에서는 리더십 분야에서 명성이 높은 교수님이 차분한 목소리로 말씀하신다.

"하버드라는 온실 같은 환경에서 마음껏 배웠을 겁니다. 하지만 이제는 여러분의 일터에 돌아가서 그곳을 온전히 이해하는 데에만 힘쓰십시오. 적어도 1년은 그들의 이야기만 들어야 합니다. 그곳 사람들에게 귀를 기울이고 이해하려고 노력하세요. 새로운 지식과 탄탄한 네트워크를 자랑하고 싶겠지만 그것은 소용없는 일입니다. 하버드가 그곳에서 통한다는 착각은 버리세요. 겸손해야 합니다. 겸손하세요."

시곗바늘을 과거로 돌려, 2년 전 같은 강의실.

"하버드 케네디스쿨에 오신 여러분, 환영합니다. 이곳에 모인 여러분은 인재들입니다. 세계 곳곳에서 영향력을 끼칠 수 있는 사람들이죠. 무엇을 한들…… 여러분이 굶어 죽을 일은 없을 거예요. 그렇기에 한 가지 명심해야 할 것이 있습니다. 늘 여러분 인생에서는 다른 이들을 위한 삶을 살기를 바라요. 선택받은 사람들의 삶을 누리기만 하지 말고, 남들과 다른 생각을 하고 실행에 옮기세요. 개인에 그치지 말고 사회에 환원될 수 있는 에너지를 창출하세요. 믿습니다. 여러분은 해낼 수 있습니다."

강의 첫 시간부터 마지막 시간을 거치며, 학생들은 결심했다. 나만을 위해서 살지는 않겠다고.

"의헌아, 어떻게 지냈어? 우리가 벌써 여기에 온 지 2년이 됐네. 이제 거의 끝이 보인다. 이 시험을 통과해야겠지만…… 시험은 잘 봤어?"

"시험 얘기는 그만하고, 자자, 여기 좀 앉아봐…… 내가 있잖아…… 하고 싶은 비즈니스 모델이 있어. 한국에 돌아가면 비영리단체를 만들까 해. 지금까지 본 적 없는 비영리 모델. 너도 알다시피 우리나라는 교육에서도 빈부격차가 심하잖아. 다문화가정도 많이 생기는데 말이야. 다문화가정을 사회의 현상으로, 긍정적인 영향을 주는 좋은 점으로 받아들여야지, 문제로 치부해서는 안 돼.

그런데 사람들은 우리가 품어야 하는 가정이라는 것을 잘 못 느끼나봐. 알잖아? 내가 기자로 생활하면서 미국에서 얼마나 많은 이민자들의 서러움을 다루었는지. 미국 땅에서 이주자들이 우리라면, 한국에서는 우리나라에 들어와 있는 다문화가정들이야. 내가 해결해야겠어. 우리가 사회생활을 해봐서 알지만 한 번에 바뀌진 않겠지. 그래도 누군가는 시작해야 하는 것 같아. 그래서 졸업한 다음 한국으로 들어가서 본격적으로 해보려고 해."

"이야기를 들으니 가슴이 콩닥거리긴 한다. 분명 필요한 일이

나만을 위해서는 살지 않겠다   이의헌·김유진

긴 해. 그런데 현실적으로 가능하겠니? 너도 애 아빠잖아…… 두 아이들, 그리고 아내까지 있는데 할 수 있을까? 우리가 스무 살은 아니잖아…… 그런데 새로운 시작을 꿈꾸는 것 자체가 부럽긴 하다."

케네디스쿨 졸업 후가 막막하기만 한 그 친구는 오랜 시간 고민하고 구체적인 계획을 세우는 이의헌씨가 부럽기도 하고, 멋있어 보였다. 특히나 두 자녀를 둔 한 가정의 가장으로서 어떻게 보면 위험을 감수하고, 새로운 출발을 시도한다는 그 자체만으로도 용기가 대단해 보였다. '하지만 그것이 가능할까?'라는 물음표는 여전했다. 그리고 2년 후, 그 물음표는 느낌표가 되었다.

하버드 케네디스쿨, 비즈니스스쿨, 교육대학원 출신으로 구성된 JUMP는 한국 사회의 교육 양극화 문제를 완화하고, 다문화 청소년과 대학생 모두 함께 성장하는 것을 비전으로 하는 비영리단체다. 바운서bouncer라 불리는 대학생 선생님, 그들에게 배우는 다문화가정 청소년 점퍼jumper, 그리고 대학생들의 멘토 역할을 하는 사회인으로 선순환하는 프로세스를 갖추고 있다.

예를 들어 다문화 청소년이 점퍼가 되어 공부하길 원하면 대학생 선생님들에게 학습 지원을 받는다. 일주일에 9~15시간씩 함께 공부하는 것이다. 학습 나눔을 하는 바운서들은 봉사만 하고 그치는 것이 아니라 특별한 혜택을 받는다. 다양한 배경을 가진 각 분야 전문직 종사자 중에서 자신이 원하는 세 명의 멘토를 선택해 진로, 취업, 학업 등의 고민을 함께 나눌 수 있다.

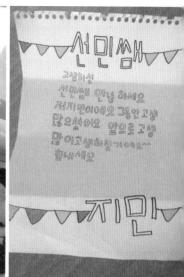

　　　3년째를 맞이한 JUMP에서는 얼마 전 고등학생 점퍼 출신 1호 대학생이 나왔다. 바운서가 취업해 멘토가 된 경우도 있다. 현재 JUMP는 현대자동차그룹, 서울장학재단과 협업해 함께 H-점프 스쿨을 운영하고 있으며, 이 프로그램에는 모티브하우스 등 다양한 사회적 기업도 파트너로 참여한다.

'내가 무엇을 하지 않고는 살 수 없을까'라는 물음

　　　JUMP와 인연을 맺은 점퍼들은 사연도 다양하다. 한 친구는 한국에 오기 전 있었던 나라에서 안타까운 의료 현실 때문에 고통받는 친인척, 주변 사람들을 보고 선의의 의술을 베풀고 싶다는 생각을 품었다. 정규교육도 제대로 이수하지 못한 어려운 상태에서 검정고시를 준비하며, 공부와 꿈에 대한 의지를 불태웠다. 이렇게 의지와 노력을 바탕으로 당당하게 간호학과에 입학한 점퍼도 있지만, 사실은 학습에 대한 동기부여가 되어 있지 않은 경우가 허다하다. 이것이 바로 바운서들이 겪는 가장 큰 문제라고 할 수 있다.

그래서 바운서들 모두 학생들이 공부에 흥미를 느낄 수 있도록 애쓴다. 먼저 공부보다는 학생과의 신뢰, 친밀감을 쌓는 데 노력을 기울인다. 선생님과 일단 친해져야 아이들이 마음을 열고 선생님의 말에 귀 기울이게 되어 공부도 할 수 있기 때문이다. 공부를 하면서 학교, 친구, 음악, 연예인 등 학생들이 좋아하는 주제에 대한 이야기도 많이 나누고 대학교를 같이 탐방하기도 하고 맛있는 것도 먹고 영화도 보러 간다. 이런 외부 활동들이나 공부하면서 유용했던 재미있는 방법들은 바운서들만의 커뮤니티에서 공유된다.

공부하는 습관이 들지 않아 공부하기 싫다며 몸을 배배 꼬던 학생들이 몇 달 후에는 "샘, 공부 별거 아니네요"라면서 문제를 휙휙 풀며 알아가는 기쁨을 느낄 때, 보람을 느낀다. 공부를 등한시하던 학생들이 시험 때 발등에 불이 떨어져서 갑자기 휴대전화 메신저로 문의해오면, 이때다 싶어 술자리든 데이트하는 자리든 가리지 않고 휴대전화로 공부를 가르치기도 한다.

머릿속 아이디어는 이렇게 현실이 되었다. 내가 관심을 가지고 있던 것들, 그저 흥미라고만 생각했던 것들이 교수님의 이야기를 통해 가슴 깊은 '울림'으로 다가왔고 비즈니스로 탄생한 것이다. 계획이 완벽했다고, 하버드생이었다고 계획한 대로 일이 척척 진행됐을까? 이의헌 운영위원은 그때를 떠올린다.

"비영리로 아이들의 학습을 도와주려고 합니다. 함께해주세요! 같이 해요!"

하버드 대학원 한인학생회 회장이었던 이위원은 만나는 사람마다 이렇게 외치고 다녔다. 워낙 새로운 아이디어가 많고 추진력이 강해서 흥미로운 이벤트를 많이 기획했던 사람이었다. 특히 하버드 한인학생회 회장으로 일하는 동안 'Meet the Change Maker' 강연회, 출판 프로젝트 등 색다른 시도를 많이 했고 학생들의 반응도 열광적이었다. 다양한 일을 벌였던 터라 사람들은 그의 말을 '믿기는' 했지만, '그래도 결혼해 아이가 있는 사람인데 자신의 본업을 어떻게 하겠어?'라는 시선으로 바라보았다. 하지만 그는 진짜 실현해냈다. 같은 학교에서 공부했던 이들과 힘을 합쳐서 JUMP를 만들어낸 것이다. 그는 JUMP의 역할은 교육 양극화에 상처받는 아이들에 대한 혜택 제공과 함께, 주류에 속한 이들에게 미래를 만들어가는 모습의 한 면을 살펴볼 수 있는 계기를 만들어주는 것이라고 말한다.

이의헌 위원은 왜 이런 선택을 하게 됐을까? 이위원은 미국에서 신문사 기자였다. 기자생활을 하면서 아프가니스탄의 처참한 현장에서 죽음과 전쟁의 비참함을 직접 목격했다. 때로는 너무나 억울한 상황에서 어쩔 줄 몰라 하는 이민자들을 보고 마음 아파하며 함께 울기도 했다. 자신의 국가에서는 주류였지만 다른 나라에서는 이방인이 된다. 그는 이민자들이 겪는 차별과 한계 속에서 그들이 얼마나 힘들까, 함께 고민하게 됐다. 한 번의 취재가 관심을 갖게 했고, 그 관심은 지속적인 사회문제로 인식하게 만들었다. 이민자들이 늘 눈에 밟혔다. 그래서 다짐했다. 공공정책을 공부하고 한국에 돌아가 한국으로 이주 온 사람들을 돕겠다고.

그는 사람들에게 계속 말하고 다녔다. "이런 것 할 건데 같이 하자." 힘을 보태주는 이도 있고, 너무 이상적이라는 날카로운 피드백을 주는 사람들도 있었다. 가족들은 가장 많은 걱정과 큰 격려를 동시에 보내줬다. 하지만 아무것도 없었던 그때, 그는 '확언의 에너지'가 얼마나 큰지 알게 됐다.

말하고 다녔더니 공감해주는 사람들이 한 명 두 명 나타났

나는 착하게 돈 번다

다. 그러던 중 진짜 은인을 만났다. 새로 생긴 비영리단체에 기부하는 사람은 3F 중 하나라고 한다. Fool(바보), Family(가족), Friend(친구). 하트섬코리아 서창범 대표는 이대표에게 친구이자 바보인 사람이었다. 다문화, 교육, 사회통합이라는 JUMP의 키워드에 공감하며, 매년 거금을 쾌척해주기로 약속한 것이다. 늘 외치고 다닌 보람이 있었다. 이때부터 속도를 내기 시작했다. 특히 제로에서 플러스 1이 된 것은 가족들이 그를 지지해주는 계기가 되었다. 0에서 마이너스를 생각하고 있던 터라 플러스가 있다는 사실만으로도 만족했다.

무에서 유를 아주 조금씩 만들어가는 과정…… 그를 이토록 움직이게 한 생각은 이주자들의 차별문제를 알게 된 이상 가만둘수 없었다는 점이었다. '내가 앞으로 무엇을 하고 싶은가?'보다 '내가 무엇을 하지 않고서는 살 수 없는가?'를 생각하다보니 마음의 결정을 쉽게 내릴 수 있었다.

다문화 아이들의 현실적인 교육문제에 대한 케이스 스터디를 하고, 어떻게 하면 어느 한쪽만 일방적으로 쏟아 붓는 것이 아닌 프로세스가 나올까 고민하며 1년을 기다렸다. 그리고 시작 순간부터 지지해주고 응원해준 하버드 동문들은 지금도 JUMP의 운영위원으로 함께한다. 직장에 다니면서 매월 한 번씩 회의를 통해 자신의 의견과 조언 그리고 멘토링을 아끼지 않는다. 스스로 행할 수 있는 선한 영향력에 대한 깊은 고민을 한 이들은, 자신의 경험과 비즈니스 스킬을 마음껏 내주는 것이다.

조금 더 나를 필요로 하는 곳,
그곳이 내가 일할 곳

운영위원 중 한 명인 김유진 사무국장은 요즘 대학생들이 취직하기를 원하는 국제기관 중 하나인 유네스코 한국위원회에서 일하다가 JUMP의 스카우트 제의를 받아들였다. 그녀 역시 하버드로 공부하러 가기 전 기자였고, 아시아권에서 살림도우미로 일하는 이들의 문제에 관심이 많아 좀더 공부하고자 하버드 행정대학원에 진학했다.

졸업 후 그녀는 유네스코 한국위원회에서 일했다. 유네스코는 교육·과학·문화의 보급 및 교류를 통하여 국가 간의 협력 증진을 목적으로 설립된 국제연합 전문기구다. 국제기구인 만큼 많은 젊은이들이 입사하기를 원한다. 선한 영향력 측면에서도 유네스코가 전 세계적으로 할 수 있는 일이 많지만, 그녀는 조금 더 나를 필요로 하는 곳에서 일하길 원했다. '비영리단체에 관심 있는 이들은 많지만 JUMP에 대해서 아는 사람은 별로 없고, 어디서든 적당히 일할 수 있지만 JUMP는 초반부터 알아왔기 때문에 더 제대로 일할 수 있고……' 이 모든 것이 김유진 위원이 JUMP를 선택한 이유다.

"폴 파머 박사라고 국제보건 분야에서 가장 존경받는 분이 계세요. 2011년 5월 케네디스쿨 졸업생들을 위한 연설에서, 그가 어컴퍼니먼트accompaniment에 대해 이렇게 정의했어요. 환자를 돌보듯이, 정책의 처음부터 끝까지 함께 갈 수 있는 그런 마음이라고요. 저는 그게 책임감과 직결되는 개념이라고 느꼈고, 그 강연을 들은 후 나를 더 필요로 하는 곳에서 일하고 싶다는 생각을 굳혔죠."

그녀는 자신의 삶을 이끄는 질문이 무엇인지 항상 고민했다. 이 고민을 하게 된 계기 역시 소중했다.

"제 이메일 박스에 문득 '당신의 삶을 이끄는 질문은 무엇입니까?'라고 묻는 그 편지 한 통이 날아오지 않았다면, 당시 불투명한 진로 앞에서 일상의 무게에 허우적대던 제게 마치 차가운 물 한 바가지를 끼얹는 듯한 얼얼함을 주는 그 이 메일이 없었다면, 제 삶의 화두를 정리할, 나아가 나를 공헌함으로써 더 많은 이들과 소통하고 싶다는 욕구조차 없었을 거예요."

이의헌 위원과 김유진 위원은 자신들을 이렇게 표현한다. 너무 뜨겁지도 않고, 그렇다고 닳고 닳지도 않은 그저 스스로가 꿈꾸는 변화를 찾는 사람들.

우리는 일을 찾을 때 내가 하고 싶은 일을 생각하지, 내가 필요한 곳이 어디인지를 먼저 떠올리지는 않는다. 내가 필요한 곳을 먼저 생각하면 시각이 확 바뀐다. 자신의 관심 분야에 대해서, 자신의 능력이 쓰일 곳이 어디인지를 넓은 스펙트럼을 가지고 생각할 기회가 생긴다.

나에게 새로운 기회를 주는 것 역시 가장 이기적인 방법으로 내 갈 길을 계획하는 현명한 방법이다.

JUMP는 교육의 양극화 해소라는 비전 아래 사회환경적 기업의 대표적인 비즈니스 모델로서도 비전이 있다. 누구나 따라 하고 싶은 비영리단체를 만드는 것. 아주 매력적인 우리나라 비영리단체를 만드는 것.

지금까지 사회문제를 해결하는 곳은 뭔가 가난할 것 같고, 좋은 일은 하지만 내가 가기에는 부담스러운 곳이라는 인식이 많았다. JUMP는 이쪽 분야에서 일하는 사람들을 일반인들이 부러워하는 환경을 만들고 싶다. 이왕이면 임금도 많이 주고, 임금으로 충족되지 않는 부분은 그들의 자기계발을 위해 회사가 적극 도와주며 채우고…… 공익 분야에서 일하고 싶은 사람들이 이런 분야를 꿈꿔도 될 만한 세상이라는 것을 알려주고 싶다. 이 변화의 흐름을 앞장서서 이끌어가는 깃발을 휘날리는 역할을 하고 싶은 것이다. 이 부분에서 어떻게 하면 매력적인 비영리단체가 되고, 임금을 많이 주는 단체가 될 수 있는지 궁금할 것이다. 이의헌 위원은 이렇게 설명했다.

"바운서(대학생 교사) 입장에서는 JUMP 활동이 자신의 인생에 실질적인 도움이 되고 아무나 할 수 있는 봉사활동이 아니라는 포지셔닝이 되어야 할 것 같습니다. 바운서를 하면 대학원에 진학할 때도 도움이 되고, 취직할 때도 가산점이 있고, 훈장처럼 느껴져야겠죠. 그렇게 만들기 위해 저희 운영진들은 오늘도 회의합니다.

그리고 두번째는 임금입니다. 직원 입장에서 본다면 첫번째가 돈이라고 생각합니다. 기본적으로 JUMP에서 일하기를 원하시는 분들은 JUMP의 가치에 동조하시는 분들이기 때문에, JUMP 직원이 만들어가는 어마어마한 사회적 가치에 맞는 적절한(대기업 수준) 보상이 이루어지는 게 첫번째고요. 가볍고 수평적인 조직문화를 유지하는 것도 중요하다고 생각합니다.

임금을 많이 주는 것은 프로그램을 창의적으로 잘 설계하면 가능하다고 생각합니다. 이번에 H−점프스쿨 때처럼요. 예를 들어 정부 장학재단이나 대학의 장학금을 활용하면 하나의 예산으로 두 가지(장학사업+교육복지사업) 목적을 이룰 수 있기 때문에, 파트너 입장에서는 그만큼 예산을 절약할 수 있습니다. 여기서 절약한 비용의 극히 일부만 전용해도 현실적인 임금을 제공할 수 있다고 생각합니다. 물론 멘토를 중심으로 소액 기부도 받을 계획입니다."

얼마 전 기사로 보도된 사회복지사의 현실. 인건비와 시설 지원비 이야기를 하면 "사회복지사는 착하니까 기다려라. 여기서 일하면 좋은 마음으로 일해야지 왜 월급을 인상해달라고 하니?"라는 답이 돌아오기 일쑤라고 한다. 편견에 떠밀린 장애인을 보듬은 시설과 사회복지사들, 이들의 한숨은 '또다른 편견'만큼 깊었다는 기사를 읽었다.

착할수록 정당한 대가를 받아야 지치지 않고 더 열심히 할 수 있다. 멀리 내다보지 못하는 현실이 안타깝기만 한다. JUMP가 높이 깃발을 꽂아 많은 이들이 가고 싶고 동경하는 섹터를 만들었으면 하는 바람이다.

마지막으로 질문을 던졌다. "일하면서 안 싸우세요?" 했더니 웃으며 말한다.

"많이 싸우죠. 하지만 신기하게 싸워도 한 방향으로 가요. 솔루션을 향해서 간다는 것이 매우 중요하죠. 이런 것이 뜨겁지도 않은, 그렇다고 닳고 닳지도 않은 사회인들이 만들어내는 시행착오를 줄이는 방법 아닐까 싶어요."

내가 속한 분야가 나로 인해 빛나고 더 발전하고, 누군가가 따라 하고 싶게 만드는 것 역시 선함이다. 내가 속한 지금 이 자리에서 내 옆의 사람을, 우리 회사를 빛나게 할 수 있는 방법은 뭐가 있을까? 누구에게나 하루에도 몇 번씩 변화의 기회는 왔을 것이다. 보지 못했을 뿐. 결국 우리 삶은 작은 변화들이 모여서 큰 변화가 이루어지는 것이다. 인생을 극적으로 바꾸는 엄청난 계기는 쉽게 오지 않는다.

나는 착하게 돈 번다

이의헌, 김유진 운영위원이
변화를 앞둔 당신에게 전하는 응원

인생이 단거리라면 즉각적인 성과를 추구하는 사람이 돈도 더 많이 벌겠지만, 인생은 마라톤 경주와 같아요. 그러니까 조급해 마세요. 멀리 내다봐요. 지치면 잠시 숨을 돌리고, 앉아서 원기를 회복해도 괜찮아요. 그렇다고 늦지 않으니까요.

스스로에게 용기를 주고 힘을 실어주세요. 당신에게 있어, 당신의 응원이 가장 중요하니까요.

한 사람이
찾아왔다

"제가 이야기했던 인생의 목적이라는 것…… 세상을 향한 선한 영향력이 있는 인생이라는 것에 대해 지금은 잘 모르겠어요. 어떻게 답을 찾아야 할지…… 모르겠네요."

17인의 인터뷰를 마무리하고 출간 작업에 박차를 가하던 어느 날, 인터뷰이 중 한 명이 찾아왔다. 그는 자신이 생각했던 세상을 살아가기 위한 방법에 대해 치열한 고민을 하고 있었다. 내가 보기엔 충분히 잘하고 있는데, 어떤 기준을 가지고 살아가야 하는지 다시 고민된다고 했다. 불안정함 속에 감추어진 에너지가 어디론가 튀어오르기 전 방향을 탐색하고 있는 듯한 모습이었다. 오죽 답답하면 인터뷰어를 찾아왔을까 싶기도 하고, 그 답답함을 알 것도 같고 모를 것도 같고, 여러 가지 생각이 밀려왔다. 무엇보다 답을 찾기 위한 과정에 함께 있는 사람으로서 반가운 마음이 앞섰지만.

　이야기를 들어보니 그가 가지고 있는 중심은 변치 않았다. 세상을 이롭게 하는 데 조금이라도 일조하고 싶은 욕심, 무엇보다 나의 존재가 가치 있기를 바라는 마음은 여전했다. 그 본질이 여전히 그를 고민하게 하고, 어떻게 살아가면 좋을지에 대한 답을 갈구하게 만드는 것이었다.

"중요한 문제들은 언제나
전 생애에 걸쳐 대답하는 법이다"

문득 다른 인터뷰이의 이야기가 생각났다.

　"중요한 문제들은 언제나 전 생애에 걸쳐 대답하는 법이다."

　그녀는 기자라는 늘 '질문'하는 자리에서 벗어나 '답'하는 사람이 되기 위해 직업을 바꾸었다. 하지만 어느 순간 돌아보니 자신은 여전히 질문하는 사람이었다고 한다. 그녀도 나도 '자신의 인생에 대한 질문은 전 생애에 걸쳐서 답을 하게 된다'는 글에 용기를 얻었고, 순간순간 떠오르는 의문들에 좌절하지 않고 나아갈 수 있었다.

　어쩌면 우리는 모두 같은 질문을 하고 있는지도 모른다. 다만 그 질문에 대해 얻고자 하는 답이 다를 뿐인지도. 이 책에서 소개한 17인은 우리가 안고 있는 고민에 조금 일찍, 나름의 답을 찾은 사람들이다. 조금은 새로운 방식으로, 자신만의 정의로, 자신만의 기준으로 답을 찾고 그것을 이루고자 나아가는 사람들이다. 물론 그들이 가는 길이 정답은 아니다. 무수하고 다양한 답 중 일부에 불과할 뿐이다.

이 책에 심도 깊은 지혜가 담겨 있고 읽은 사람의 인생을 바꿀 만한 인사이트가 있다면 좋겠지만, 그렇지 않을 수도 있다. 하지만 같은 시대를 살아가는 사람으로서, 같은 질문에 대한 답을 찾아가는 동지로서, 우리가 함께 이야기를 나눌 수 있었다는 사실만으로도 만족한다.

사실 이 책을 통해 전하고 싶었던 메시지는 하나다. 당신을 응원하는 한 사람이 여기에 있다는 것. 절망에 빠져서 헤어나오지 못할 때, 누군가 지켜보고 있고 응원하고 있다는 사실을 알려주고 싶었다. 지금은 삐걱거려도, 지금은 넘어졌어도, 그렇게 부족하고 모자란 나라도 스스로를 사랑해주는 것이 진정 착하게 사는 방법이라는 것을 말하고 싶었다.

착하다의 첫째 조건은 스스로에게 착할 것이다. 자신에게 너그럽고 자신을 사랑할 줄 아는 사람이, 타인 또한 배려하고 이해할 수 있지 않을까. 혼자인 것이 외롭고 힘겨워 누군가와 함께하는 것이 아니라, 혼자여도 충분하지만 내가 가진 것을 누군가와 나누기 위해 함께할 때 더욱 완전한 관계가 될 수 있지 않을까.

나는 2년 전과 많이 달라졌다. 더 많이 웃고 더 많은 이들과 이야기를 나눈다. 가장 좋은 것은 고민하는 시간이 줄어들었다는 사실이다. 지금 당장 내 인생의 답을 찾아야 한다는 부담감에서 자유로워졌다. 답을 찾는 과정 자체를 즐길 수 있게 됐다.

지금 하는 일이 너무나 바빠서 여유가 없다고, 그런데 마음속에서는 변화가 절실하다고 울부짖고 있다면 생각해보자. 당신이 누군가를 위해서 무엇을 할 수 있는지, 그리고 당신이 하는 일이 누구를 위한 일인지. 일의 중심에 '사람(그것이 자신이든 타인이든)'이 올 때, 그 일은 충분히 가치 있는 법이다.

이 책은 월드쉐어와 함께
개발도상국 도서관 설립 프로젝트를 진행합니다

월드쉐어World Share는 각 국가의 정부와 사업 담당자들과 긴밀히 협조하여 현장에서 수혜자들의 필요를 정확하게 파악하고 이를 효과적으로 지원하고 있다. 아프리카, 아시아 등 저개발국가에 식수로 인한 사망자를 줄이기 위한 식수 개선사업, 말라리아, 에이즈와 같은 질병에 의한 사망자를 줄이기 위한 의료보건 프로그램, 환경이 어려운 어린이들의 생계와 교육을 위한 그룹 홈 설립, 아동 후원, 지구촌 나눔정신의 확산과 청년 비전을 위한 해외봉사활동을 활발하게 진행하고 있다. 또한 낮은 교육열로 인한 교육환경의 부재로 정규교육 기회를 갖지 못해 소외되는 아이들을 위해 최소한의 기초교육을 제공하는 교육 지원사업을 하고 있다.

이 책의 작가 인세의 90퍼센트는 월드쉐어에, 10퍼센트는 'Dear Book Project'에 기부된다. 기부된 자금은 개발도상국 아이들을 위한 도서관 설립에 사용될 예정이다. 이 책에 소개된 17인의 주인공들과 독자들이 함께 만드는 도서관이다.

기부를 결심한 이유는, 저자의 딸 '세아' 때문이다. 딸아이가 TV 속 도움의 손길을 필요로 하는 개발도상국 아이를 보고 '친구가 아프다'며 갑자기 울자, 저자는 "네가 가장 좋아하는 일을 신나게 최선을 다해서 열심히 하면 자연스럽게 친구를 도와줄 수 있어"라고 말했다. 그 순간 2년 동안 가장 신나게 해왔던 일인 책 작업을 통해서 '즐겁게, 열심히 하면, 선순환이 일어난다'라는 것을 보여주고 싶어서 기부를 결정하게 됐다.

김상민 사진작가 역시 이 프로젝트에 깊이 공감하고 합류했다. 밤샘 작업 후 촬영하러 다녀야 하는 고된 일이었지만 세 살 된 아들 '아론'이에게 아빠가 가장 잘할 수 있는 일로 좋은 일이 확산되는 것을 직접 느끼게 하고 싶은 마음으로 기꺼이 프로젝트에 동참했다.

월드쉐어 사이트 www.worldshare.kr
후원전화 02-2683-9300
『**나는 착하게 돈 번다**』 **도서관 프로젝트** www.greatearning.co.kr

저희가 평온함을 인하여 기뻐하는 중에
여호와께서 저희를 소원의 항구로 인도하시는도다.
　　　　　　　　　　　　－시편 107편 30절 (개역한글)

나는 착하게 돈 번다

ⓒ 도현영 2013

1판 1쇄 2013년 12월 5일
1판 2쇄 2014년 4월 7일

지은이 도현영
펴낸이 강병선

기획·책임편집 고아라 | 편집 이현미
디자인 이효진 | 사진 김상민 | 마케팅 정민호 이연실 정현민 지문희
온라인마케팅 김희숙 김상만 이원주 한수진
제작 강신은 김동욱 임현식 | 제작처 영신사

펴낸곳 (주)문학동네
출판등록 1993년 10월 22일 제406-2003-000045호
주소 413-120 경기도 파주시 회동길 210
전자우편 editor@munhak.com | 대표전화 031)955-8888 | 팩스 031)955-8855
문의전화 031)955-1933(마케팅) 031)955-1915(편집)
문학동네카페 http://cafe.naver.com/mhdn | 트위터 @munhakdongne

ISBN 978-89-546-2344-5 03320
* 이 책의 판권은 지은이와 문학동네에 있습니다.
  이 책 내용의 전부 또는 일부를 재사용하려면 반드시 양측의 서면 동의를 받아야 합니다.
* 이 도서의 국립중앙도서관 출판시도서목록(CIP)은 서지정보유통지원시스템 홈페이지(http://seoji.nl.go.kr)와
  국가자료공동목록시스템(http://www.nl.go.kr/kolisnet)에서 이용하실 수 있습니다.
  (CIP제어번호: CIP2013025269)

www.munhak.com